杨林柯——著

拔与教育

河

人民东方出版传媒
东方出版社

图书在版编目（CIP）数据

与教育拔河 / 杨林柯 著 . —北京：东方出版社，2019.11
ISBN 978-7-5207-1199-9

Ⅰ . ①与… Ⅱ . ①杨… Ⅲ . ①中学语文课－教学研究 Ⅳ . ① G633.302

中国版本图书馆 CIP 数据核字（2019）第 197705 号

与教育拔河
（YU JIAOYU BAHE）

作　　者：杨林柯
策　　划：陈　卓
责任编辑：李伟楠
责任审校：孟昭勤　谷轶波
出　　版：东方出版社
发　　行：人民东方出版传媒有限公司
地　　址：北京市朝阳区西坝河北里 51 号
邮　　编：100028
印　　刷：北京联兴盛业印刷股份有限公司
版　　次：2019 年 11 月第 1 版
印　　次：2019 年 11 月第 1 次印刷
开　　本：787 毫米 × 1092 毫米　1/32
印　　张：9.875
字　　数：179 千字
书　　号：ISBN 978-7-5207-1199-9
定　　价：49.00 元
发行电话：（010）85924663　85924644　85924641

目录

辑二 读书与教书

辑三 批判与反思

自序　当下学校教育的"价值含量"到底有多少？

> 人生下来的时候只是无知，但并不愚蠢——愚蠢是由后来的教育造成的。
>
> ——（英）罗素

一

2018 年 4 月，古城西安发生了一次万民关注、辐射全国并引起国务院关注的教育"问政"，产生了很大的民生效应和社会效应，而我以为，这表面热闹、万民关注的"问政"节目却掩盖了更大的问题。

教育"问政"不能仅仅叩问外部的"上学难"、"上学贵"和"教育不公正"问题，更需要展开一场关于教育本质、教育价值以及教育相关问题的内部追问：

学校要培养什么样的人？

教育到底为了谁？

孩子在学校最应该学什么？

学生的分数就是教育的成绩吗？

成绩公开排队合不合乎教育伦理和相关法律？

成长和成功是个人的还是学校的？

考上名牌大学就代表"成功"吗？

学校应该怎样对待孩子？

当恶性事件（火灾、地震、绑架、伤害等）发生的时候，孩子应该如何自保？

学校又如何保障每个孩子的生命安全？

教育除了为 GDP 增加数字、选拔人才和承担职业分流器的作用之外，还应该为生命增加些什么？

教育的"可持续发展"与对生命的终极关怀在哪里？

…………

现在社会各界对教育的评价很大程度上还是看升学率，而忽视了人性标准，依然是"含金量"而不是"含人量"（吴非语），这样的教育依然是"见分不见人"，实际上遮蔽了真正的教育问题。

事实上，我们的孩子不仅要成为合格的考生，更应该成为合格的学生；不仅应该成为社会主义的建设者和接班人，也应该成为合格的丈夫、合格的妻子，成为心智健全的合格公民。

二

评价一个学校，不能仅仅看从那里走出了多少富贵显达的"成功者"，更应该看它培养了多少合格的"常人"。

况且，那些"成功者"和学校似乎也没有太大关系，有些特殊才能、智慧也不是学校可以"培养"的，它是自身具有的特殊禀赋加后天努力成就的，也不排除历史机遇，学校不能贪天之功。

教育是复杂的，不是一个量化分数或升学率那么简单。

现在许多人说的教育其实不是教育，而是教学或训练。

应试教育不是真正意义上的"教育"而是"知识学习"或"知识训练"。

真正的教育应该是人的灵魂的唤醒，一定是内化的，不是外在的知识灌输那么简单。知识学习固然重要，但不能代替心灵成长，因为生命不是一堆肉，而是灵肉合一的有机体。

教育也不是仅仅安顿这堆肉，让它能够活下去，而是能安顿这颗心，让灵魂找到家园。

教育的复杂在于，它不仅是学校的事，也和家庭环境、社会环境有关。即便学校给学生喝几口"纯净水"，如果家庭、社会却给孩子喝下水管道流出来的水，而且把它当作纯净水，那孩子的健康如何保证？

钱理群先生说的"精致的利己主义者"还有粗鄙的利己主义者都是学校、家庭、社会合谋而制造出来的"产品"。

更为荒谬的是，这些年不断发生的校园悲剧已经不是利己不利己的事，而是损人不利己。前者尚可从生物本性去理解，而后者已经超出了生物逻辑。比如从 2017 年到 2019 年发生的多起骇人听闻的校园命案，不断刺痛社会的神经，有人质疑：这是人干出来的事吗？

事实上，人性里天然就有兽性和神性。没有谁天生就是恶魔，也没有谁天生就是天使，面对恶魔与天使合一的人性，教育和制度应该反思什么？是谁砍断了天使的翅膀？谁又让恶魔挥舞屠刀？

教育要提升人性，而人性是一个桥梁，搭在兽性和神性之间。人性发展的过程应该是抑制兽性、走向神性的过程。

三

在家庭、学校和社会的教育三要素中，社会教育比家庭教育和学校教育更重要，而社会教育已经不是教育问题，而是国家治理问题，学校教育、家庭教育根本无力解决。

教育需要寻求"最大公约数"，按照德国思想家雅思贝尔斯的观点：家庭、学校、社会之间应该有"整全的价值观"，并与自我之间达成和解。

教育是最大、最重要的"人学"，是一个国家的"良心工程"，也是共同体发展进步的基础，尤其是在一个宗教信仰资源匮乏又迷信物质权力、偶像崇拜盛行的文化环境中，教育不能正常发展，不能滋润心灵，人性、社会都难以正常发展。

我们可以没有那些高楼大厦、辉煌的经济数据，甚至可以没有"三坟六典""经史子集"，但不能没有文明的、和谐的具有现代观念的人。世界的一体化发展不能使共同体脱离世界文明系统，成为一个巨大的"部落"。

应试教育扭曲了教育本质，是严重失血和精神缺钙的教育，导致家庭教育、学校教育、社会教育的关注热点都奔向同一条路子，却忘记了教育最根本的就是通过知识教育培养爱的能力，让一个人能够认识自我，求得智慧，明白大道，成为一个真正的人。

四

我曾经把"为公民而教育"作为我的教育理想，在教育实践中感觉实在艰难。现在我要退一步，提倡"人的教育"，让一个人通过教育"成为人"，而不是成为一部机器。如果一个人（自然人）不能成为人（社会人、精神的人），自然也难以成为合格的公民。

再说，知识更多的是传承工具价值，也可能是当下未被纠正的偏见，必须引导知识的方向。比如刀子，可以切菜，也可以杀人，就看它掌握在谁手里，怎么使用。

知识本来具有信仰的意义，它不仅仅是一种"信息"，更是探索真理的工具，要把人引向超越界，但在一个缺乏形而上的文化环境中，其信仰意义很容易被悬置和忽视。

看看现在的金融灾难、网络诈骗、传销黑幕、食品黑幕以及利用自己的知识霸权对普通民众进行的洗脑或坑蒙拐骗，哪个是没有"专业知识"的"文盲"干出来的？

"知识"不是脑子里固有的，也不是自生的，一定是接受某种"教育"的结果。

上海开放大学教授鲍鹏山先生认为："不受教育，只会无知，不会愚蠢，愚蠢是某种教育的结果。不读书，也只会无知，不会愚蠢，愚蠢是只读某种教科书的结果。"

张维迎先生甚至说过一句很震撼的话：如果所有的学校取消了，中国人的知识会大大降低，但道德水平会大大提升。这话虽然针对的是教育的"说假话"，也只是一个知识分子的假设，但它讲出了某种深刻的现实：所有的贪腐官员和犯罪分子都接受过知识教育，有些还有很高的学历，为什么道德水平如此低下？

五

当下的知识教育过甚，而生命教育、爱的教育严重不足，甚至教育的过程成了掏空自我的过程。

没有生命教育，没有爱的教育，尤其是没有信仰支撑的自我教育，导致真正的教育落空和人的空心化，而过度的知识教育只是加大了人的自负和无知。搭车销售的各种招牌下的"教育"叫得再响，也不过是美丽的谎言，是应试教育的附庸；搞得再好，也不是真正的教育，而是扎扎实实的驯化。

这些年不断发生的校园自杀和杀人案件，不断拉低教育底线。

我认为，评价教育好坏应该有一个底线：珍爱生命不自杀，遵纪守法不杀人。

当下的学校教育，不过是后科举时代的教育附庸，是职业分流器，还谈不上是真正的教育。从基础教育和大学教育，都过于功利，忘记了求真。郑也夫先生认为，教育是天大的问题，而我们竟然把它弄得这么糟！

在教育还只是个附属品的当下，学校的根本问题已经不是应试不应试的问题，而是我们当下的学校，其真正的"教育含量"到底有多少。

如果用身高、体重代替健康指标是可笑的，那么用分数、升学率代替教育"成绩"一样是可笑的。用升学替代教育，这是对教育本质的扭曲，也是对社会的某种误导，就像用身份符号代替道德品质，或用经济数据代替发展"成就"一样，都是不靠谱的。

2019 年 8 月 10 日 西安

辑一 | 成才与成人

变味的"成人礼"

春暖花开的日子，许多学校也春心荡漾，一个接一个地举行高三毕业班的"成人礼"。

按照中国传统，成人礼本来是古老的礼节，可以上溯至西周。《礼记》云："夫礼，始于冠。""男子二十，冠而字。"男子二十加冠，女子十五及笄。冠礼即是跨入成年人行列的男子加冠礼仪，非行不可。《礼记》的解释是："凡人之所以为人者，礼义也。礼义之始在于正容体、齐颜色、顺辞令……故冠而后服备，服备而后容体正、颜色齐、辞令顺……已冠而字之，成人之道也。"不行冠礼，则一生难以"成人"。

按说，孩子十八岁了，不管到没到实际年龄，搞一场"成人礼"其实也挺好，让孩子挽着父母的手，在美好的音乐声中走过"成人门"，在"青春回音壁"上签上自己的名字，然后，校长可以把对每一个孩子的祝福与期望以书信的方式交到孩子手里。北京十一学校还举行"拍肩礼"——李希贵校长双手拍孩子的肩膀，让孩子意识到自己告别了童年期，已经成为一个成年人了，需要独立承担自己生命的责任。家长、老师表达一下对孩子的祝福，孩子们也写写对家长、学校发自内心的感谢，表演几个合宜的文艺节目、朗诵几首诗、吹吹蜡烛、穿上他们最靓丽的服装，与同学、老师、家长合影留念……这些都是挺有意义的事情，可以给孩子们留下美好的回忆。

但事实是：所谓"成人礼"只是一种掩饰，背后是高考冲刺宣誓。

"成人礼"上一般都有一个"感恩教育"环节。奇葩的是，个别学校逼迫学生集体下跪，让其对学校和父母"感恩"，这样的成人礼已经背离教育初衷，成了荒唐的闹剧。

这些年，随着传统文化教育的加强，作为新时代"孝道"教育变种的感恩教育，似乎也在不断强化，实际上收效甚微，这和我们的教育方式有很大关系。

感恩，作为内心深处的一种道德情感，不能出自感恩对象的要求，这和领导不能要求群众"奉献"是一个道理。是"我要感恩"，不能"要我感恩"；是"我要奉献"，不能"要我奉献"。

现代教育不能变成精神勒索，让孩子有一种"负债感"或"负罪感"，而应该发现孩子，发现一个独立自由的精神世界。

中国文化一直是强者、尊者本位，而不是幼者、弱者本位。感恩教育强调的也是弱者、幼者要感谢强者、尊者，却忽视了强者、尊者也应该感谢幼者、弱者。同处一个社会生态链中，强者、弱者是一个相互依存、相辅相成的关系。如果同守本分，实际谁也不欠谁的。

要感谢，首先应该感谢上苍，感谢大地，因为生命的存在是需要理由的。其次才是感谢父母、老师以及帮助孩子成长的那些人。至于教育、教学中那些美好难忘的境遇，本来就是教育的应有之义。

从另一方面说，学校首先要感谢学生。因为没有学生，哪里需要教师，哪里会有学校？

教育是一种美好的相遇，是一种生命的成全，是让人成为人的一种活动。当然，教师的成长也离不开学生。所以，感恩应该是相互的，孩子感谢师长，师长也应该感谢学生，因为每一个人的生命中都有无数个他人。

另外，感恩也不需要大声讲出来，而应该是内心深处的一种情愫，是良心的声音，又细又柔。内敛的东方民族，尤其不善于这样夸张地表达情感。

事实上，语言越夸张，感情往往越贫乏。真正难忘的情感都深藏心底，甚至刻骨铭心，语言往往很难直观表达。没听说发达国家的教育有这样进行感恩教育的，但学生成功后回馈学校的往往很多。中国学子张磊回馈母校耶鲁大学888万美元就是最好的说明，那么多国人抨击他也没用，因为这是学生良心发现后的自然行为。

"桃李不言，下自成蹊。"这才是真正的教育，而我们的学子还在成长阶段，学校在"成人礼"上已经提前进行道德勒索了，这是不是有些不厚道？

许多学校的"成人礼"往往都在学习衡水模式，一般都有一个宣誓仪式，豪情满怀、斗志昂扬的样子，看起来很热闹，其实任何誓言都不过是流沙上的一阵旋风，最终都要归于虚无。因为世界很大，风向不定，人心多变，世事难料，谁能保证当初的誓言不是镜花水月？

教育当然需要一定的形式，要入眼，但更需要入心，真正的教育是"心育"，要呵护孩子的"心力"，否则就是舍本逐末。

教育需要安静，从细节做起，从个体做起。集体主义的宏大抒情、道德逼迫过头了，就感觉学校不是在教育，而是在洗脑，尤其是面对这种肤浅可疑的宣誓。

学生当然需要"成功"，因为学校和家庭也都需要，而"成功"是一个过程，不是一个结果。

教育首先要让学生成为一个优秀的公民，而不是一个成功的病人。

再说，成功不是学校要教的，它本身就是存在感压迫下的生命本能，因为人是符号动物，是意义动物，不仅仅追求吃喝，还追求自我实现。

深入一点说，一个人在俗世"成功"并没有什么值得自豪的，尤其是在一个价值水位很低、匮乏真理光照的盲社会。只有守住自己，安于本分，不被外界掏空"自我"，才是需要修炼的。

"成人礼"本来是献给孩子的礼物，关乎生命，关乎成长，现在变成了"成人礼搭台，高考冲刺唱戏"，中间衔接过渡的是"感恩教育""成功教育"，这几个东西搅和在一起，感觉很是别扭。

明师比名师更重要

据《澎湃新闻》报道，教育部办公厅、中组部办公厅联合启动 2017 年国家"万人计划"教学名师遴选工作，将遴选支持 200 名国家"万人计划"教学名师，入选者将获 50 万经费。教育部门和学校还将组织开展学习宣传推广活动，充分发挥国家"万人计划"教学名师的示范引领和辐射带动作用，提升广大教师教育教学水平和学校办学质量。

看到这则新闻，我就在想：优秀教师是被外界养大的，还是自己长大的？

如果是自己长大的，那么贴再多的荣誉标签也吸引不住那些优秀的教育人，难以选出真正的教师。因为真正的教师有自我的标准，内心有法度，良知有自由，功名利禄并不能让他们向外界的异己力量屈服，他们是自由的树，要生长在大地上，而不是栽到花盆里。他们相信，教育是育人活动，在这个活动中，教育者首先必须成为人，外界顶多是一种背景。

当然，用卡西尔的观点看，人是符号动物，也是意义动物。符号有一定的"意义"，这个"意义"有实有虚。

回到人本身来说，人总是趋利避害的，这是动物本能。教师作为普通人，也不可能超越本能，作为趋利动物的一部分，教师也不仅仅是精神的存在，也会有功利盘算。在目前这种教师待遇普遍不高的现实背景下，想办法去获得某个荣誉标签也没有什么可指责的，虽然这些年因为个别"名师"遭到诟病，也使"名师"这个词显得有些可疑，但只要有利益，还是有人追。怕的是有人并不动心，而更大的可能是，在当下环境中，更容易让教育行业中的"聪明人"得利。

教育是唤醒生命的一种精神活动，这种活动要把一个人的内心引导出来，帮助他长成自己的样子，那么作为教育者就必须是个"明白人"，而不能是个"糊涂虫"。就此而言，成为一个智慧型的"明师"恐怕比成为一个标签化的"名师"更为重要。但在目前环境下，"明师"太少，"名师"太多。

其实，所谓"名师"，按目前的发展速度，不过就是个"有名字的老师"而已，理由是，过去几十年才出几个名师，近些年则不管学校还是社会上，"名师"满天飞，一天可以评出几百、几千个，甚至通过一节课就可以成为"名师"。不说大学里的"××学者""国家级骨干教师"以及各种级别的教授、博导，就是中小学"特级教师"全国每年就评出几千人，现在中小学也有了许多"教授级"教师，更不用说各个省、市、地、县、校的"学科带头人""教学能手""教学骨干""教学新秀"之类，为了对外宣传招生，其巨幅照片挂满许多学校的大小橱窗，一见到如此庄严神秀的头像，不由得让人产生脱帽三鞠躬的冲动。

吊诡在于，教育江湖上的"名师"越来越多，教育却越来越成问题，越来越让社会焦虑和失望，这真是一种特定文化环境中的奇怪现象，很具有病理学价值和社会学价值，似乎成为教育"成功学"的悖论。

当然，过去也有"名师"感叹，派发荣誉标签却没有多少"实在内容"，这回坐实了，不仅有50万，还要对"名师"加大宣传力度，要发挥这些"名师"的示范带头引领和辐射作用，让他们成为教书育人的楷模。这倒让我想到了过去的"农业学大寨""工业学大庆"，现在树立这么多"名师"，是不是也要"教书学楷模"了，这种自以为义的执着是不是有些理性的自负？

看到有些学校的德育处也在发挥"高素质楷模"学生的引领作用，不知道是否考虑每个学生的独特性了。一个人再努力，总不能变成另一个人吧，教育是让人成为自己，而不是成为别人。每个教师的生命当然也是独一无二的，树几个"楷模"想着老师们会像当年"学雷锋活动"一样轰轰烈烈地傻学，恐怕也是一厢情愿吧。

改变，从自己开始

一

据朋友讲，几乎每天都可以看到，许多国家的驻华使馆门口，中国的财富精英和知识精英排长队等待签证，一眼望不到头。正如中国侨联主席所讲：中国一直是一个移民大国。随着改革开放，中国不仅输出各种廉价商品，也输出各种人才，导致国内的资源和能量不断向发达国家流动。

从另一方面讲，一个正在走向强盛、影响世界的大国，他的精英人群为何会误把他乡作故乡？

记得十几年前读周励的《曼哈顿的中国女人》，其中有一句话："祖国啊，你为什么让你的优秀儿女四处流浪？"我在这句话上停住了，半天缓不过神来。

但离开是需要资格的，有人用孟子的话调侃说："贫贱不能移。"当然，离开也是有代价的，要放弃许多虚虚实实的东西。

我们需要思考的是：一个国家的财富精英和知识精英都离开了，那么留下的会是什么？这样的强国梦会是怎样一种情状？

不仅仅是精英群体离开，这些年，普通民众也在不断离开。据联合国相关组织调查统计，截至2016年，中国海外移民已超过1000万。

中国大型调查公司"胡润百富"在2016年公布的一份调查显示：中国人移民的理由，排在第一位的是"孩子的教育"，占到22%；第二是远离雾霾，占20%；第三是食品安全，占18%；第四是财富安全……2018年，投资移民美国的人数，中国超过印度，位居第一。

仔细想想：一个国家能不能继续发展、长期稳定，根本上是能不能做到有基本的社会公义，故法治、平等、自由、民主等不是挂在墙上那么简单，而是如何落到实处。说通俗一点，这个国家能不能稳定发展，能不能为人类文明做出贡献，不是一个经济问题，而是一个政治问题。

人，作为一种生物，其实也在选择适合自己生存的环境。这一点，自然界就给人类以伟大的启示，鸟的迁徙，鱼的上溯，兽的游走……都在寻找适合自己生存的空间。人类也一样。当你生存的空间，空气污染、河流污染、食品污染、语言污染、精神污染……逃离，自然就是一种生存选择，而不是一种价值选择。故选择离开还是选择留下与爱不爱国无关，就和买进口货还是买国货与爱国无关一样。它是一种价值选择，不是一种道德选择。

从这一点来讲，事实判断、价值判断、道德判断不是一个层面的问题。一个有道德洁癖的人一定是活在某种精神洞穴中的人，这种人很脆弱，也很"傻白甜"，最容易"见光死"。

这个世界，庸人大都是道德生物，伟人才是智慧生物。因为智慧是超越道德的，许多伟大人物都是带着对固有价值、固有道德、固有文化的一种批判甚至破坏进入历史时空的。

一种文化的伟大就在于它的价值空间，在于它的包容性。

二

回到本文的话题上，这个国家，绝大部分人大抵是走不了的，你无法离开，因为这儿有你的文化根基，有你的亲朋好友，有你赖以生存的大地，有你维持生计的工作以及或多或少的财富，你只能选择改变，而最根本的改变，是改变自己的知识结构，改变自己落后的价值观，改变事不关己、高高挂起的传统思维方式，把这个世界和你自己的生命融为一体；让你自己成为一个独立的世界，也让世界成为另一个你。让世界的一举一动牵动着你的神经，让自己每一天睁开眼睛就感恩：我又活过一天。明白自己为谁而活，让自己和世界的本体建立起某种神秘联系，于是，你的生命便会充满无限的力量，每天都活在意义之中。最后你真正活出了自己，成全了自己。

我很喜欢"知无知"的创建者谌洪果先生写在主席台背景墙上的一段话：通过修复心灵来重建个体，通过重建个体来培育社会，通过培育社会来塑造国家。这句话与我这些年的思考一致：建设自己就是建设社会，推动自己就是推动国家，改变自己就是改变世界。

三

有位作家说过："我的身体就是我的国家，我的思想就是我的疆域。"普通人到了一定的时候只能走向自己的心灵，选择向内发展，改变自己，你无法指望那些高高在上者。虽然当下，一些人看到的更多是失望，但如果不能从自己的内心去寻找光明的力量，不从一点一滴的行动中去改变，而寄希望于体制、寄希望于达官显贵们，那就真的看不到什么希望了。

在威斯敏斯特教堂地下室英国圣公会主教的墓碑上写着这样一段著名的话：

当我年轻的时候，我梦想改变这个世界；当我成熟以后，我发现我不能够改变这个世界，我将目光缩短了些，决定只改变我的国家；当我进入暮年以后，我发现我不能够改变我们的国家，我的最后愿望仅仅是改变一下我的家庭，但是，这也不可能。当我现在躺在床上，行将就木时，我突然意识到：如果一开始我仅仅去改变我自己，然后，我可能改变我的家庭；在家人的帮助和鼓励下，我可能为国家做一些事情；然后，谁知道呢？我甚至可能改变这个世界。

需要明白一个道理，从某种程度上说，自己就是世界，改变自己就是改变世界，而世界只是自己的影子。当一个社会中的人都着眼于自我改变的时候，心灵的突围就是一个必然的趋势，而心灵突围必然奠基制度突围，因为特有的制度必然以特有的人心做基础。"冰山理论"同样适应于社会观察与个体人格构建，不改变水面下的心灵、价值观、信仰，水面上的语言、行为、知识、精神面貌也不会改变。

一个社会，上层是统治者，下层是普通民众，中层是知识阶级，传统社会叫"士"，这个阶层的价值追求直接影响社会走向。资中筠先生说："士林已无共识，即使有，也各人自扫门前雪，形不成道义的压力。少数有所坚守，进行了抗争的，受到迫害时往往孤立无援。"

当一个共同体受到很多限制的时候，每个人都会处于孤立境地。尤其是，一个社会的强者可以团结一致，而弱者却是一盘散沙的时候，即便弱者想自扫门前雪，或者维护自己的利益，也常常是不可能的。当我们不再关心这个社会，这个社会并不会远离我们，它就在我们身边，就在我们的生活中，时不时会反噬我们，伤害我们。就像你不关心空气、不关心河流，只有雾霾遍布、河流污染的时候，你才发现，自己其实也是受害者。

四

崔卫平老师说过："你所站立的那个地方，正是你的中国。你怎么样，中国便怎么样。你是什么，中国便是什么。你有光明，中国便不黑暗。"这话很励志，也很有挑战性。不是每个人都具有做光做盐的勇气和力量的。就是你有能量，也需要自我保守，要不断给内心加油。

有时候，人心的黑暗会超过制度的黑暗，但不改变制度，人心的情状只会"没有最黑，只有更黑"。2017 年春节武汉街头一元钱冲突导致的砍头事件和 2018 年除夕之夜汉中南郑区张扣扣仇杀三人事件就是最好的注脚。表面上是人或社会的问题，根本上是价值信仰的问题，而价值信仰的问题必须从文化心灵中去找。依然回到那个老问题：国民性问题和制度问题。二者必须都要有所改变，文化空气才会改变。

我的想法是，人心就是制度，体制就是每个人。从微观层面说，改变人心也是一条路子，从每一个人、每一个家庭、每一间教室、每一个学校……一点一点地做起。中国一百多年来为了快速发展，走了不少弯路，绕了一个大弯子，似乎又回到原地，又面对当初的问题：如何推进人与制度的进步？有意思的是，我们把人与制度的进步问题，成功置换成经济发展和国家富强的问题。

对于许多人的离开我并不悲观，因为他们的文化根源在中国，许多人还会回来做事，即便不回来，不管在哪个国家，也是在服务人类，没必要太国家主义。近代以来，真正为改变中国做出重要贡献的人物，很多都是受了域外文明的熏陶之后，才为中国的进步发展做出了巨大贡献的。

有人说，中国人太多，人均资源有限，爱争抢，影响社会和谐，分散一下资源也符合人才流动规律。但人口多，人力资源也丰富，毕竟每个人的生命都是珍贵的。

五

常识告诉我们，一体化的世界里，没有谁可以阻挡历史进步的潮流，顺之者昌，逆之者亡。重要的是每个人自身的努力以及心灵层面的进步；因为制度也不过是心灵观念的产物，是观念造成了社会，国家也不过是意识的奴隶。真正的革命发生在人们的心灵里面，心灵的突围是制度突围的基础。

一部车子，仅仅指望换个好发动机就能变成好车也不靠谱，还有底盘、变速箱、操控系统、平衡系统以及很多人性化的细节等，否则也不能算好车。

社会也一样，不是一个制度就能解决所有问题，每个人其实都是体制零件。每个零件都不松动，都能守住自己的本分，不在压力下扭曲变形，不助长平庸之恶，社会也不会出现这么多问题。

对个人而言，当禁忌越来越多的时候，还是从自身发力，因为自我是世界最后的堡垒，甚至自己就是整个世界。

每个人努力使自己的内心变得强大一点，并具有独立思考和独立行动的能力，即便不能保证让自己成为一支队伍，至少成为一个精神明亮的人。

事实上，没有精神强大的国民，就不可能有真正强大的国家。国家的根基是建立在每个人的心灵里面的，国家的强大就是人的强大。

一个国家的能量不在于它的GDP，不在于它浮华奢侈的表面，而在于它的国民。从这个意义上讲，建设自己，也是在建设这个国家；改造自己，也是在改造这个世界；推动自己，也是在推动这个社会。

教育者任重道远。

教育是另一种"换心"

这篇文章的缘起，和在央视《讲述》栏目看到的一个"换心"故事有关。

我们知道，人的生命有身、心、灵三个层次，其中的"心"其实是指大脑的功能，掌管的是理性判断，"灵"才是最高的层次，它掌管的是灵魂，是追求，是希望，是关乎人的快乐和幸福的部分。

65岁的杨孟勇老人患心脏病二十年，后来在病入膏肓无药可救的情况下，孤注一掷，采用医院提出的最后一个方案——换心。虽然成功的可能性不大，但也只剩这么一个机会了。后来，老人成功换上了一个二十岁小伙子的心脏。可换心之后，在他身上发生了许多奇妙的变化：性格、脾气、口味、生活习惯等都与之前大不相同。

比如，换心后他诗兴大发，创作勤奋，三个月完成了个人的第一部诗集《太阳传奇》，其中收录的99首诗歌都是康复期间完成的；再比如他经常会突然发泄不满，情绪容易冲动。据周围的人反映，原本内向懦弱的老杨变得很暴躁，还对原本一点兴趣都没有的足球和拳击产生了浓厚的兴趣。有时候看球看到兴起，还会推醒已经熟睡的家人。连他的儿子都很好奇："莫非给你心脏的人是个球迷？"

还有，老杨的性格原来很内向，现在突然变得很外向；体力非常好，在单杠上能轮圈；特爱照镜子，爱穿年轻人的衣服，上街喜欢盯着美女出神，和比他小三岁的老伴性格反差太大，以至于老伴三次提出离婚。

这是一件很有意思的事，不由得让我重新思考"心"。佛家讲"起心动念"，基督教讲"你要保守你心"，王阳明讲"破山中贼易，破心中贼难"，都是看到了最复杂、最根本的问题，所以各种宗教其实都是从最根本的东西入手的，教育其实也是"心育"。

而在平时的生活中，我们往往会为了生存而过多地使用大脑，却忽视了心灵的存在——我们在辛苦劳作中，灵魂往往是不在场的。由此猜测古人造汉字"忙"的时候，是不是就已看到了这种忙碌其实是"心灵的死亡"。

落实到具体的物质层面，其实心和脑是不同的两种物质，大脑重理性，心灵管灵性。到现在，人类对心脏的认识还仅仅停留在低幼阶段，只是认为心脏是一个水泵一样的东西，负责向身体的各个部分输送血液，而淡忘了心脏的精神价值，即我们为什么会有痛苦，快乐和幸福又是如何产生的。

其实，心灵的内在空间和宇宙的外在空间既是对应的，也是相通的，并且，前者是后者的感应器。

"境由心生"说的就是这个道理，我们看到的外部世界，也是我们内部世界的景观。拓展外部世界，也是拓展我们的内部世界。古人强调"读万卷书"的同时，也重视"行万里路"，就是希望一个人能够内外兼修，放大自己生命的格局。

回到教育上，我要说，教育不仅要关注人的身体，也要关注人的大脑，更要关注人的心灵。我们现在的教育呈现的往往是，漠视学生的身体，过分关心学生的大脑，而对学生的心灵胡乱涂抹；肉体发育提前，精神成长滞后，造成的结果是，学生的大脑是满的，心灵是空的；只顾成功的标签，忘了命运的局限；看得见日月星辰的运转，看不到宇宙的智慧。给社会造出太多的巨婴——肉体长得像个成人，而精神还穿着开裆裤。

学生为什么会厌学？教师严格按照大纲计划、一天一天、一节一节进行的教学又为什么不能引起学生的共鸣？

一个很重要的问题是：教育管理者不知道教师真正需要什么；教师也不知道孩子内心真正需要什么。考完试成绩排队，进行各种指标的严格细致的成绩分析，表彰先进、开家长会、找退步学生谈话……以为认真在"抓质量"，其实是把一件复杂的事情简单化了，这些做法并不能让教师和学生心服口服，弄不好甚至会制造出新的教育问题。

要让教师认识到，教育是心灵的唤醒，而不是理性知识的传授；要让学生认识到，真正的成长是心灵发育、人格健全，而不仅仅是身体长大、分数增加；只要你方法正确，也付出了努力，就是成绩落后也没有关系。一个正常的共同体中，差序格局才是符合理性的，多元才可以和谐共生。

教育要引导心灵成长和精神发育，使学生有内在成长的快感，因为生命在里面，光明在里面。学生的大脑不是知识的储藏室，而是给心灵提供成长的养料，否则，过多的知识容易堵住心灵通道，导致知识短路，思维简单，价值观混乱，这样培养出来的人容易成为"高学历的野蛮人"（鲍鹏山语）。

车好，主要是发动机好，人好，主要是因为心好。教育就是呵护孩子的心力，对于衰朽的生命如何让其起死回生，根本上就是促其"换心"，换价值观，换思维方式，换人生追求。这对教育者提出了巨大的挑战。

事实上，让一个人改变原有的价值观是很难的，也是充满风险的，而价值观又是根本。如果真正能够像医生做手术一样达到"换心"，让一个人能够实现生命的转向，这实际上不是拯救了一个生命，而是创造了一个新生命，因为他抛弃了"旧我"的盔甲，穿上了"新我"的军装，实现了自我的重建。

教育不仅仅是向外的，更是向内的。教育最终要回到内心。我们走遍世界，最终发现，最美的风景原是在人的内心。自我，不仅是教育的起点，也是教育的终点。认识自己，不仅是认识自己的各种外部特征，更重要的认识自己的内部景观，培养出一颗善良而强大的心。

事实是，过于向外的生活容易使心灵饥饿，把心灵培养得最好的人，才能把智力与思想运用得最好。

只有测量过自己心灵的深度与各种微妙关系的人，才会更加熟悉人性。

一切最强大的力量都是心灵的力量；一切最可爱的美德都是心灵的美德，伟大的心灵造就伟大的品格。

回到内心才能谈真正的教育，确认灵魂存在才能谈真正的教育，否则我们很难解释那些"成功者"的抑郁而终，很难理解那些有钱有势者为何突然遁入空门。

不能和心灵链接的知识与生命无关，离弃了信仰的知识是一种知识论上的错误，不能超越知识的教育都是低质和虚假的。

杨孟勇老人的"换心手术"给我的教育启示是：教育是救人，救人须换心（芯），教育是不是另一种生命意义上的"换心（芯）"呢？

再议"衡水模式"

我写过多篇批评衡水模式的文章,在颇受关注的同时,也受到一些批评甚至谩骂。衡水模式的支持者总是要捍卫"衡水模式",认为它是当下教育的一个样板,只有通过这种极端方式才能战胜"富二代""官二代",实现"出人头地"的目的。

质疑的声音还有另外两种:一是认为吃不上葡萄说葡萄酸,拼不过衡水才批评衡水;二是认为没有调查就没有发言权,甚至摆出泼妇骂街的架势,说你有本事你也搞出一个衡水模式看看。

我想,对任何事情,有不同看法很正常,但在不同逻辑背景下无法展开实质性的讨论,达不成任何共识,只能耗费能量。

我为什么要批评衡水模式?

首先,源自于身边真实的恐惧。

国家教育盘子这么大,出现一个"衡水中学"也不奇怪,毕竟林子大了,什么鸟都有。教育的园子也应该允许"百花齐放"，各种"模式"都有其存在的逻辑和理由。问题是，在一个缺乏创新的文化环境中，急功近利的评价标准和爱扎堆的文化习性相互结盟，导致全国各地对"衡水模式"趋之若鹜，也使大部分学校有成为"衡水分校"的危险。大家可以看到，衡水模式的"百日冲刺"宣誓这几年席卷全国，有些地方已经发展为"200日冲刺"，甚至各地的初中毕业班，也出现了"中考百日冲刺宣誓"大会，这种迅速弥漫的教育励志模式给生命带来很大风险。历史上有"农业学大寨""工业学大庆"，现在却是"教育学衡水"，不能不感叹今夕何夕！

真是暖风吹得名校醉，不仅仅是普通学校学习衡水，连各地的"名校"也经不住诱惑，不断派人去衡水学习，并把衡水的一些做法带入学校，诸如对学生时间的控制，严格的军事化管理，标语的"红海洋模式"，破坏教育生态的挖人、掐尖模式，不断出现的超级中学以及加盟模式……引发教育内部的张力，导致教师和学生都像打了鸡血一样，眼睛一睁，拼到熄灯，就为了可怜巴巴的准确到小数点后两位的数字。教育失去了从容，学习成为一场旷日持久的"战斗"。激烈的竞争加剧了教育教学的负重，教育悲剧不断发生，越来越多的教师想"逃离"教育。

其次，"衡水模式"对"出人头地"的"应试文化"和功利教育的进一步强化是对教育本质的扭曲，也是对教育生态的破坏，引发教育内部的持续紧张，和国家教育均衡的战略也是相悖的。

鼓励竞争是衡水模式的一大法宝，它用"逃避落后"的方式让成绩落后的恐惧弥漫在每一个学生的心中，甚至老师也逃不出这种恐惧。

衡水模式的竞争有"内部竞争"与"外部竞争"之别，内部竞争是在班级与班级、学生与学生之间展开的。你看他们诸如"要做王者，挺直脊梁，争做最强"之类的口号就知道了。

这种内部竞争，用工具理性代替了价值理性，用弱肉强食的丛林逻辑代替了和谐共生的教育逻辑，人人都是学校这个庞大机器的连杆或螺丝钉，每个人的潜力都得到了极大挖掘。各种量化竞争使学生眼中只有分数和名次，心中只有成功超越、金榜其名、出人头地……这就把师生变成一个个钢铁战士，而战士需要意志坚定，不屈不挠，需要忘我，需要顺从，需要一切行动听指挥，随时准备投入战斗，把自己有限的时间投入到无限的竞争中去，一切都是为了超越别人，逃避落后，成为"人上人"，成为北大、清华等全国一流大学的一员。这是他们定位的"成功"，这种"成功学"的迷药也成功地控制了每个人，让他们只盯着高考这个目标，至于升入大学、走入社会之后，到底会成为什么样的人，这不是现在需要关心的，而真正的教育恰恰是面向未来的，是为一个不确定的社会培养公民，更是需要终极关怀和教育信仰的。

"衡水模式"的外部竞争就是招生中的"掐尖"和"保苗"。这种"掐尖"在保证自己"水土肥美"的同时，却导致其他地方教育的"水土流失"，导致跨区域的教育竞争，因为强校"掐尖"，弱校则要"保苗"，自然给学生、教师和家庭都带来困扰。

第三，存在的不一定是合理的。

我个人认为，当下的许多教育悲剧虽然根子在应试教育，但和"衡水模式"的不断复制脱不了干系。

有人说：存在的就是合理的。这一句话显然是把"实然判断"和"应然判断"混同起来。"衡水模式"有存在的土壤，但并不代表它就是正确的，更不能认为它应该就是各个学校学习的榜样。既存的事实怎么能等于应有的价值？

我承认以衡水中学为代表的"衡水模式"在应试教育的研究、管理以及招生、宣传上确实有过人之处，其校园文化确实是其他地方难以复制和模仿的，但教育有一个常识：基因是主人，教育是仆人。任何教育离开先天的禀赋都是不靠谱的。天鹅蛋放在鸡窝里出来的依然是天鹅，鸡蛋就是盖上天鹅绒被子最多也是小鸡，而不会是一只凤凰。不是因为丑小鸭放在衡水中学就成为天鹅了，而是因为这只丑小鸭本身就是一只未被发现的天鹅。

第四，从保守主义的立场看，衡水教育模式是激进主义的，它忽视了教育常识，必然带来很多后遗症，如同跑得飞快的车子，要停下来必然伴随巨大的惯性。

激进主义蔑视传统，并与理性主义和集体主义结盟，希望按照自己内心的理念来剪裁外界，往往表现出激烈、狂热、偏激、崇尚集体、蔑视个人自由和生命、爱走极端、拥护独裁等特点，其最大幻想就是让外界屈从于自己的意志，甚至为了实现自己的理想可以不择手段。

教育上的激进主义就是对"育人"传统的蔑视，对教育本质的扭曲，用一个表面确定实则虚幻的目标刺激学生的学习欲望，把"成长"置换为"成功"，把"自主"变成"裁制"，其目标设计表面上对学习者有益，实则实现了办学者自己的私利；把学生的愿望与学校的目标捆绑销售，把私心潜藏在"公义"之中，让你还无话可说，你要批评，他们会说：游戏规则就是这么设计的，我们只是按照游戏规则认真执行罢了，错也不在我们，而是整个制度，批评我们是打错板子。好像他们也是受害者，但道理其实很简单，体重和健康有关，但不能为了增加体重而吃激素，毕竟体重不等于健康，考试成绩不等于教育质量，因为教育面对的是整个的人，而人是最难量化的。

近代的激进主义给乡土社会带来很多遗留问题，不仅拖延了发展，也导致许多牺牲。张奚若评论现代中国的激进主义用了十六个字："好大喜功，急功近利，鄙视既往，迷信将来。"说得很到位。

就以"百日誓师"而言，让人看到的是古拉格体制下的教育军国主义样态。试问：中国教育从孔子以降几千年，哪有为了读书学习而举拳头宣誓的？世界各地的学校，谁见过美好的读书学习竟然要以举拳头、表决心的方式进行？况且，谁能相信这种群体压迫下的誓言是靠谱的？因为誓言都是写在流沙之上的，而衡水模式的集体誓言竟然是以组织化的形式开展的，并不断弥漫各地。我曾经说过："在当下的应试教育时代，衡水模式是个神话，但放眼世界教育和未来教育，衡水模式就是个笑话，它提供了一个功利时代把功利教育推向极致的典型标本。"

衡水模式是集体主义压迫下的学习，这种学习强化了外界的规范和塑造，压制个体的自由意志，掏空人的自我，必然伴随对人的精神奴役。一旦外界的管控消失，学生会出现什么状态，这绝不是杞人忧天，因为教育问题最终会成为社会问题，并涉及一个民族的精神内核和外在尊严。

事实上，文化中毒和教育中毒往往是慢性中毒，但却是深入骨髓的，是与"三观"相连的，要脱毒也是非常艰难的，甚至是不可能的，因为"重建自我"意味着对"旧我"的否定，这几乎就是精神自杀，不是每个人都有这种勇气。教育效果需要从长远来看，当下根本无法做出简单评判。"变老的坏人"就是一个时代的文化和教育的"产品"。我们留下什么样的社会，意味着我们培养出了什么样的人格。

教育不能鼓励孩子撒谎

在法国启蒙思想家孟德斯鸠眼里，每一个中国人都是骗子。这一点，国人当然不会认同。但仔细一想，在中国社会，确实存在不诚信现象，由此带来交往成本的上升和人际道德风险，也导致法律成本居高不下。要追究这种问题的成因，不说特殊的国情、制度或文化，中国的教育也难辞其咎。

事实上，中国学生的第一次作文训练就开始了假话教育，比如无数人在小学写过的作文：记一件有意义的事。什么是有意义的？学生们当然心知肚明，写在家睡觉或者玩肯定没意义，必须写虚头巴脑的"好事"，比如帮妈妈干活或拾金不昧之类。

其实，一件事情有没有意义应该是自己说了算的，但在一个个体原子化的社会，从小的教育就是强化群体意识，说一些讨好群体的话有关语言策略和生存安全，说真话反而是尴尬的，甚至是危险的。

帕斯卡说，没有什么比假话更适合人类。因为人性脆弱，惧怕真实，就是看穿，也不能说穿。

记得鲁迅杂文里记载了一个故事：有个东家生了男孩，全家高兴透顶。满月时抱出来给客人看，第一个客人说：这孩子将来要发财。他于是得到一番感谢。第二个说：这孩子将来要做官。他也得到几句恭维。第三个客人说：这孩子将来要死。他于是被大家合力痛打。

其实，前两位客人说的都是一种可能性，这种可能性是人的一种美好愿景，只有第三个人说的才是真话，结果第三个人挨了打，前两位得了赏。所以，说真话是有风险的，尤其在一个封闭社会，谎言就是核心生产力，但求真是人性的需要，也是求知的根本。陶行知说："千教万教教人求真，千学万学学做真人。"培养真人从培养学生学会说真话开始。

由于特殊的文化生态，中国人从小就练就了两套语言系统，对外一套，对内一套；公开一套，私下一套。

葛剑雄先生说，在国外，只有政客才需要两套语言系统，而在国内，学生们从小就学会使用两套语言系统，而语文写作考试是说假话的集中训练方式。

在教学中，学生们常会问：作文要不要说真话？其实这和问"商品要不要造假""牛奶要不要掺水"是一个道理，本来不应该成为一个问题，但在一个特殊环境中，这样一个常识却变成了真问题，长期的假话训练导致学生不会真实表达自己了。

记得有一年高三，有个学生下课后找到我说："杨老师，我爸明天过生日，您能不能给我写几句话让我送给我爸？"我笑了笑说："我写得再好也不能代表你自己，你看路边的小花开得再不起眼，也比塑料花美丽，因为它有生命。作文如果说真话，就好玩了，也就好办了。"后来他由说真话开始重新学习写作，作文逐渐越写越好，因为真话毕竟好说一点，假话是言不由衷的，要动脑子编造。

海德格尔说："语言是存在的家。"如果从小就接受假话教育，说言不由衷的话，那么一个生命是否存在过？何处是精神的家园？

有人说，中国文化是一种耻感文化，西方文化是一种罪感文化。耻感文化重他人评价，重群体意识；而罪感文化重自我评价，重个体忏悔。重外界评判的文化自然容易掏空自我，弱化生命个体，导致自我的放任自流，并把自我的责任转嫁给社会；而重内界审视的文化会把自我的道德救赎放在第一位，不管外界如何评判，良心就是内在的法官。你可以欺骗外界，但骗不了自己，因为你的良心永远和你的生命在一起，你是无法摆脱掉的。

在学校教育中，如果学生不能说真话，那么就无法抵达真实的教育，健全的人格也无法培养起来，精神自塑、自我教育就是一句空话；一个社会如果不能允许人们说真话，也就无法回归正常。王富仁先生曾经说过：只有真实的表达，才会有健康的人格。如果一个民族从小就培养撒谎能力，只能加大这个民族的虚伪程度，导致其整体上的狡诈和文明的倒退。

不管这个世界如何变化多端，作为教师，还是要有一些坚持精神的，因为教育是必要的乌托邦，需要一些理想主义，需要和现实有一些张力。教育不是来适应现实的，而是改造现实的，虽然在特殊的环境中，教育也会被环境改造，但不代表教师就无所作为，教师也有自己的"一厘米主权"，关键看自己用不用。

向外看世界，向内看心灵。走路也需看路，他们的路不一定是你的路；他们的意念不一定是你的意念。路，都是自己走出来的，搭便车心理是要警惕的。

教师需要有一个内心提醒装置，谨防"平庸之恶"，可以日拱一卒，得寸进寸，不求成功于世，但求无愧我心。如吴非老师说：不跪着教书；如张文质先生所言：尽可能说出真相。你改变不了这个社会，改变不了这个教育，但也别指望它改变你。

我个人偏见，一个教师要展现真自我，告别"假教育"，追求精神成长和专业成长，还是从读好书、说真话开始。

"傻教"与"教傻"

　　晨起，读一篇特级教师写的教育反思，就想到这个题目。

　　他说，自己兢兢业业，不辞辛苦，早起晚睡，甚至中午不休息陪伴学生学习，当然主要是因为不放心学生。他每天都在关注课堂的纪律，每天通报作业交纳情况，不断催交作业，经常联系家长，也教育家长要关心自家孩子的学习成绩和名次。注意力始终在学生身上，不断地提醒学生，要求达到自己的标准。对于班委会和班级小组等团队建设，也抓得很紧。没想到，在学校的教师考评中，不仅学生不买账，个别家长也对他质疑：剥夺了孩子的快乐，影响了孩子的成长！

　　其实，我们一些教师也是这样做的，以爱学生、为学生好的名义做着伤害学生、伤害教育的事情。忘记了自己的"霸气""严格""控制"恰恰加剧了学生的奴性和对自己不负责任的"应付"。

　　教育不是做得越多就越好，也不是你"越负责""越认真""越忙""抓得越紧"就越好。鱼往往是喂死的，花往往是浇死的。教育需要留白，需要空闲，需要发呆，需要自由生长的空间。

作为教育从业者，不知道是不是想过：学生属于谁？我们为谁而教育？我们自己做的事情有意义没意义？我们是为了学生还是为了自己？我们总是对的吗？我们的严格管理是不是对学生构成一种"文化的侵犯"（弗莱雷语）？我们对自己满意吗？我们是不是真正爱学生？

作家朋友冉云飞先生有一本书《给你爱的人以自由》，这书名其实也是一种爱的理念。爱不是控制，而是希望爱的对象按照天性自由生长。有限的爱是占有，而无限的爱只关注爱本身，不要求什么回报。

教育需要师生双方的体验和经历，需要自由和解放，外在的灌输往往起不到什么作用。《圣经》上说："凡事都可行，但不是凡事都有益处。"

由"行"到"知"是一个过程，在这个过程中，成也好，败也好，都是生命内在的收获。教育者需要认识到自由的价值，可以说，没有自由，就没有教育，而自由意味着责任，不是放任自流。专制制度下的管理者因为大一统思维的长期强化，容易出现自以为义的滥权，而看不到自由的好处。

真正的教育源于自由，人在自由环境中最有责任感。当一个教育管理者把一个群体管乖了、管顺了的时候，其实是对一个民族的犯罪，因为扼制了一个群体的自由精神，而自由精神是创造力的根源。

学生自己的责任不能全部让教师承担，应该尽可能早地让学生担负起自己的成长责任，学会自我教育。

当一个人不能为自己负责的时候，他往往会把责任转嫁给社会。当一个人不能"为自己"的时候，所谓"为国家""为社会""为学校""为家庭"就是空谈。当一个学生没有学会自我教育的时候，真正的教育其实并没有发生。

教育者是为"一个未知的社会培养公民"，而不是仅仅培养一群为口腹而战的考试动物。教育者也别成天想着如园丁一样裁剪生命，需要回到自身，像这位特级教师一样，多反思自己，从教育自己开始，寻找真正的教育吧！

在我上面的文字写出来一周后，外校一个朋友的孩子私信我，说某个主任到操场上抓她们回教室学习，她感到特别受伤，也感到"特别恶心""特别不可思议"。她说："这是我们的课外时间啊！每天九节课，周末了，我们住校生到操场上活动一下，打一会儿篮球，有什么不好？难道就喜欢我们六十多个人装模作样地坐在让人昏昏欲睡的教室里做题？"

我不觉感叹：还有这么傻干的同行！但这样的教师在中学却很有市场。现在听见一些"优秀教师"以居高临下的方式训学生，甚至羞辱学生，我就感到特别难过。做了几十年教育，我的心早已变得特别柔软，而教育恰恰需要教育者有一颗柔软的心。

爱，首先是尊重，教育者，首先需要摆正自己的位置，自己和学生的人格是平等的，在尊严上也没有什么特权，你只是早生了几年而已，如果每个人都活八十岁，那么在无限的时间河流中只是占有的时间段不一样，没有什么大小之分。

爱，是不能犯傻的，爱也是不能强加的。强奸犯也说"爱"，结果却成了罪犯，这，难道不能引起教师的警惕吗？处在教育场域中，教师的"爱"，到底是真正为了学生，还是为了自己？需要认真反思。

认真的愚蠢不仅是一种智力上的缺陷，也是一种道德上的缺陷，更是教育的悲哀。

监护人教育的重大缺失

中国孩子的第一监护人是父母，上学后，父母转换为"家长"，这个称呼从教育的角度讲，也是值得商榷的，它是专制文化在家庭的残留。这个称呼，丧失了平等意识，似乎父母天然就是家里的"长官""长辈""尊长"，具有某种身份地位和道德地位上的优越性，孩子天然就应该顺从父母，哪怕父母说的、做的是错误的，也不能有半点忤逆和对抗，这和几千年的儒化教育有关。由于平等意识的丧失，不管对孩子的教育还是交友、爱情、婚姻等，中国父母由于强制或干预，带来太多的中国式悲剧。

从下面的"绝命书"中，中国的父母们能不能有所反思和警惕呢？

这是达州一个孩子写的遗书，他早已离开了这个世界。

遗书节选——

从小我爷爷奶奶说的，考一次100分或者得一次A+就奖励一块钱，然后作业本上满满的A+，后来虽然没有给了。我从学习成绩好做一个学霸中找到了优越感，差不多就从这时候起，就被打上了学霸的标签。

我还是想当一个好学生的，但是呢自从我爸把我接到福建后，怎么说呢，我就觉得他这人因为从小吃了很多苦，心理有点问题，脾气不好，小的时候我有一次因为一直吵着说要喝他带回来的花生牛奶，他当时心情不好，一巴掌把我鼻血都打出来了。

在福州这边也是有点什么事情就打，考98分都被骂，吃饭打嗝一耳光打过来，夹菜姿势不对也一耳光打过来，自己小时候生活不好非要对我要求严格。当然也可以说是什么对我的爱啊，但抱歉我情商低，感觉不到，虽然我懂这个道理，但从心里非常不认同。而且有的时候他的教育方式太过可笑，吃饭的时候，我说菜是苦的，他说不苦甜从哪里来，然后摆出一副说教的样子。说白了，套路太老，套路不深，我并不吃这一套。

后来到了达外，我曾想过可能会有改变，但我情商低，太天真。第一次月考全校73名，打电话的时候跟我妈说了，我妈说才73名，呵呵，我在电话另一边都快气哭了。达外竞争多激烈，其他同学考到前600家长都有奖，而我呢？不要把我和那些非常努力学疯了的人比，我不是多么有志气、多么高尚的人，我只是遵循我的心，做一个我想做的人。然后说好我得了一等奖学金就给我买电脑，然后？我全校第五（初一下学期）——数学满分，政治满分，地理满分，英语99，其他也都是90几。

我爸：英语学懂了吗？我说学懂了——娃儿不要骄傲自满，半灌水响叮当。我说没有学懂——那你这一学期学了些啥子。电脑也说什么现在买了影响学习（我一周回去一次），说上网会上瘾什么的。

以前在福州，每天只让玩5分钟，我就玩玩QQ农场。时间还不一定够，还说什么网上有不好的东西，不就是黄色信息吗？还以为我们不知道，5年级就知道那些事了。还有，玩游戏，一个人玩是没什么意思的，玩个游戏不求别的，说白了我就是想刷存在感，我爸说我骄傲，真是可笑，我一直很自卑，个子矮，穿的衣服不好，听他们说的事，我一件都没听过。反正我越来越自闭，心里越来越……说不出来的感觉。反正我觉得我自己很不好，除了成绩。

后来反正我越来越反感我爸，心情几乎没好过，我就故意不学习，考差点（不是我吹，不写作文，数学睡到广播里说离考试时间还有半小时才开始写，我还是考了全校335名），希望我爸能问问我之类的，稍微改改，然后打电话第一句：你是不是不想在达外读了？我给你转到其他学校去，莫浪费老子的钱！然后我就知道，我的人生以后都会很黑暗，也许有些夸张。（注：后来孩子高中真的就转到其他学校就读。）

但我只要待在家里或者和他说话，我的心里就高兴不起来。再然后，我发现我活得没有任何意义，因为我的心已经变得我自己都感到厌恶了，我的情商太低，情感这方面严重有问题，感觉不到父母对我的爱。就连喜欢一个人现在想想也只是因为心里很空洞，想放一个人在心里，而已。

我十岁生日许愿，本想许个长生不死，后来觉得不可能，然后就许愿让自己从10岁开始衰老速度变为原来的一半，这或许就是我长不高的原因吧！我还在10岁的时候作死预言过我活不过18岁，然后，成真了！我不知该哭还是该笑。

所以呢，如果我没有想太多，其实我还是可以作为一个人，普通地存在于这世上，遵循这世界的规则。但我不想，因为我并不开心，不顺心。写得很乱。看了这些，可以觉得我有病，或者说精神分裂，因为一方面我写着这些，另一方面我也在思考作为一个正常人看到我写的会怎么想。你们怎么想都无所谓了。或者有人说我是逃避现实什么的，你也可以这么认为。反正我死都死了！随便咯！

然后，把我当朋友的，心中有我的，我的心也是，但，抱歉。

再然后，这不是写给我的家人的，反正以他们的思维、他们的角度与立场，我也跟他们说不清。我的尸体，不用埋了，要么烧了，要么扔了，别把我拿回去。心烦！

PS：其实我很早就想写这些了，我也一直在想，我死后不同的人看到这些那些不同的想法，会不会上新闻啊，会不会有专家来分析啊，反正我想得太多。(包括你们看到这句话的想法。)

从节选的遗书看，这个父亲好像一个精神强迫症患者，不守信约，专制独裁，我行我素，对孩子随意打骂，非要孩子实现自己的愿望，完全把孩子当成了自己的价值工具，而没有当成有独立人格、独立意志的生命个体，反复地摧残和蹂躏这个孩子，导致孩子的绝望。

我在想，孩子内心要痛苦绝望到何种程度才会采取自杀这种极端的方式？

自杀，是对自我的否定，对人世的决绝，是对父亲的最大反击，也是对这个家庭和社会的最大报复。

本来，父亲和孩子是两条生命，可在这个悲剧中，父亲显然把孩子和自己完全捆绑起来，当成了一个生命，导致人我界限的不明。孩子的事变成了父亲的事，这种"共生"其实是一种"绞杀"。

人性的密码是追求平等、独立和自由，即便是亲密关系之间也应该彼此尊重，亲密有间，守住自己的界限，保持一定的尺度和距离，尊重彼此的人格，而不能使一方变成另一方的工具，这样才能保持一种和谐，否则，这种"你我不分"的"共生"就变成了一种互坑互害。如冉云飞的一篇文章所说：坑爹的孩子早已被爹坑。当关系中较弱的一方无力对付强势一方的时候，在极端情况下，就会把斗争的矛头转向自己，在对自己的残酷处置中完成对强势一方的彻底复仇。

说实话，在中国，很多父母都是在没有做好准备的情况下成为父母的，也就是说，在没有驾驶执照的情况下就开车上路了，这怎么能不犯错误呢？

好一点的父母，在养育孩子的过程中能够不断学习，不断提高自己，中间也会不断犯错，不断总结。因为学习当父母，又面对一个独一无二的生命，所有的心理学、教育学方面的知识在这个前无古人、后无来者的伟大创造面前似乎都显得苍白无力，他人的经验也很难照搬照用，等父母了解了自己的孩子，有了一些针对自己孩子的教育学知识，明白一些个性化的教育原理的时候，这个孩子已经不知不觉长大了。一代一代的父母不断重复着上一代父母的不幸，不断传递问题，传递自己的焦虑，也传递中国式的历史价值观，导致中国式教育存在的意义好像就是一个"放羊娃问答"的死循环。

孩子的养育是美好而幸福的，因为父母在孩子身上实现了新生，看到了希望，也为社会尽到了自己的义务。孩子的教育又是艰难而危险的，因为从来没有哪个教育家会针对你这个孩子，私人定制教育发展计划，各种家庭教育也都是父母们的探索，摸着石头过河，战战兢兢，如履薄冰，如临深渊，所以没有比做父母更容易犯错的了。

教育讲爱，但爱是一种能力，遗憾的是中国人正在丧失这种能力，这和几十年的各种折腾以及大环境有关。

像苍蝇一样成天盯着孩子，那不是爱，那叫控制，其实是一种自私，父母这种做法其实爱的是自己。

教育有时候特别害怕用"爱"的名义，实现对所爱对象的绑架，导致"非爱"行为的发生。

教育讲爱，爱也是一所学校，每个人其实都没有毕业。

在教育的三个场域中，家庭教育是基础，是关键，因为它关涉人格精神；学校教育重知识，重成才，重社会规范；社会教育重在提供一个优良的制度环境和文化环境。

家庭和学校对社会无能为力，那就应该各司其职，在整全一致的价值观指导下，也要互有分工。现在的麻烦在于，许多家庭放弃了自己的教育责任，尤其是农村家庭，几千万留守儿童没爹没妈，几乎处于只有学校训练没有品格教育的状态。许多家庭把孩子交给学校就好像万事大吉了，忘记了作为父母应尽的责任。有许多父母甚至成为学校的帮凶，只看孩子考试分数而不顾孩子的内心状态；只有功利冲动，没有生命意识，由此给孩子带来许多迷茫、困惑甚至悲剧。

张文质先生说："父母改变，孩子改变。"当下的教育，最重要的是父母的教育，是监护人的职责教育。没有父母观念的改变，说中国教育的改变是无望的。

过度求知可能是某种愚蠢

培根说："知识就是力量。"这句话曾经是知识匮乏年代的励志名言，它曾经激励着无数有志青年努力学习，改变命运，但在一个知识信息爆炸的大数据时代，这句话的价值，事实上大为缩水，甚至变得有些可疑。

今天，我们要特别警惕这句话给生命带来的误导。

庄子说："吾生也有涯，而知也无涯。以有涯随无涯，殆已！"意思是说，人的生命是有限的，而学问知识是无限的，用有限的生命去追求无限的知识，很危险啊！

人类对知识的迷信，是因为只看到知识的工具价值，没有看到知识的来源。忘记了人类的局限、自我的局限，失去了内心的引导，更是忽视了宇宙整体以及本体背后的那个至高至大者，把自己摆在了世界的核心位置，这种自我中心的求知对生命的觉醒其实并没有什么好处。

知识的过多堆积容易造成知识的短路与心灵的封闭。何况处在这样一个泥沙俱下、弯曲悖谬的时代，社会像一个五彩缤纷、鲜花遍布的湿地，如果你想凭借自己有限的知识和有限的理性紧跟这个时代，希望随时能有正确的思考、做出正确的判断，就像进入无边的沼泽湿地，很容易陷进去难以自拔。清华大学的教授和名牌大学的博士被骗以及无数被股市风云和集资诈骗折腾的普通人的遭遇就是最好的证明。当初的知识带来的却是迷惑与不幸，与其说是社会制度出了问题，不如说是知识判断出了问题。比如：你凭什么相信你看到的就是真实的？你凭什么相信文字就不会欺骗你？你凭什么相信熟人或亲戚朋友就是可靠的？

有那么多的伪知识、伪信息往往披着神圣的面纱并以强加的方式像电脑插件一样进入你的未加防范的大脑，进一步加剧你思考判断的混乱与错误，给你带来的结果，往往以偏行己路始，以痛悔自责终。

所有这一切都是因为迷信知识，执着理性，背道而行，忘记来路和归途。其实，一个敬天爱人的谦卑农夫，远胜一个骄傲自大、冷漠处世而执意研究"天道"的哲人。

霍金认为，哲学已死，科学才是世界的拯救力量。那是一个科学工作者对世界的朴素认知。其实，科学对于探索外部世界来说，有着巨大的力量，但是对于探查一个人的内部世界，其力量是微不足道的。

对一个人来说，最重要的不是认识世界，而是认识自己。

知识分子在求真理之路上走的最大弯路就是希望通过"知"去求"信"，而真正的信仰是倒过来的，它要求人类放弃廉价简单快捷的"以知求信"次序，顺从以道为本的"因信求知"次序，由此也超越一切人的理性经验，也挑战全人类的观念和一切的意识形态、一切的逻辑体系，真理的道路不是这个世界的道路，真理的执着不是这个世界的执着，因为真正的信仰相信的是创生天地万有的那个存在了137亿年的宇宙本体，和本体背后推动这个世界运转的那个"道"，是那个你永远无法理解和无法掌控的"暗物质"和"暗能量"。

信仰需要敬畏，因为有些东西科学无法证明。

同样是科学家，爱因斯坦的发现也许比霍金的发现以及大爆炸理论的提出者更有价值，他在晚年的书信中写道：

有一种极其强大的力量，至今，科学尚未能对此作出如理的解释。这力量包容了一切，而且主宰了一切，成为宇宙中任何现象的基石，却未为我们认知。这宇宙的力量，就是爱（慈悲）。

科学家去寻找统一宇宙的理论（统一场论），却忽略了这个最具力量的不可见之力。爱就是光，他照明了那些施（这个光）与受（这光）的人。它是引力，因为它令人彼此关注。它是一种力，能够积累我们的善，令人类无须着意去消除自我。爱，或显或隐。因为爱，我们有生有死。爱是上帝，上帝是爱。

这个力阐明一切法（事物与思维），而且令生命具足意义。这是个被我们一直忽略了的变异（无常），（为什么

055

会忽略呢？）可能是由于我们对爱恐惧，因为它是人类在宇宙中唯一无法驾驭的能量。

爱因斯坦用一个科学家的理性发现了宇宙中存在的一种根本性力量：爱。爱是这个世界的根源，也是人类存在发展延续的根源。

真正的信仰就是对这个根本性力量的敬畏和信仰，事实上，科学让人求知，哲学让人思考，信仰则给人力量。无数科学家以及哲人能够持续地研究和思考，就是信仰给他们以力量。

爱默生说，有两件事我最憎恶：没有信仰的博学多才和充满信仰的愚昧无知。科学知识是生命需要的，因为它也是一种存在，但如果丧失信仰，博学多才只会带来自身的傲慢与偏见，并与真理隔绝。

普通人的一生更多处在和世界的交往对话之中，只有当人低下高傲的头颅和自己展开对话的时候，才能进入世界的高处，才能在那里听到智慧的声音。

与自己窃窃私语是为了看清自己，在与自我的交战中最终与自己握手言和。

事实上，无论什么人，认识自己越清楚，就会越谦卑，他不再执着于自己狭隘的有着偏见的知识，因为看到了本体之大，明白了自我之小。

对于求知者而言，即使明白世上的一切事情，却没有学会爱，也是没有用的。知，要通过人的行，才能得到最后的证明。

一个人为什么要制止过度的求知欲，因为无量的知识中含有太多的烦扰和欺骗。人类制造的知识垃圾比物质垃圾要杂乱繁复得多，有些甚至更难清理，如清理太空垃圾一样困难，因为这些垃圾知识已经转化为人的观念，成为人的无意识，成为人的存在价值的一部分。

读书人常以知识为荣，喜欢自高于人，其实，许多知识对于探索外部世界有用，而对探索心灵只有很少的益处，甚至毫无益处。能够在人面前侃侃而谈或者写文章可以长篇大论，并不能使一个人的心灵满足，唯有充盈的灵魂生活才能安慰你的心。

知识并不天然带来人的快乐和幸福，有时候恰恰加剧了人的愚蠢和罪恶。

当今社会那么多充满诡诈的罪恶都是无知者干的吗？包括博士生自杀在内的那么多的教育悲剧，仅仅是因为知识缺乏吗？不是，恰恰是工具化知识或过度求知带来的大脑堆积，堵塞了心灵通道，是功利化的应试教育追求高难度、大容量、高强度的知识导致的方向性"无明"和非理性高压带来人的肤浅，因为没有智慧，看不见真理，没有信仰，丧失良知，使人走上了只管利害和输赢不管公义和理性的非人化的路子。社会上更有一些损人不利己的骇人悲剧，其愚蠢程度远远超过了畜类。

所以我们在说"知识就是力量"或者"思想就是力量"的时候，更需要明白"信仰才是方向"，要警惕过度求知带来的知识性障蔽。

辑二 ｜ 读书与教书

背离教育的语文教学是没有出路的

看到一些语文名家在谈语文课程与语文教学的时候往往过于注重语文教学技术，而有意淡化或抛开语文教育。

事实上，语文教学技术和语文教育理念是不能分开的。

语文教学的课堂技术问题要从一个语文教师对教育的认识中去寻找。

前者是"术"，后者是"道"。

技术问题永远都是枝节问题，根本上是学科教师对人性及教育教学规律的认识。

这个社会的技术、智谋、策划、巧诈已经太多，整个环境急功近利、背道而驰已经很久。一个教师，急切地追捧各种技巧永远不可能真正得道。

教师的成长包括内生长和外生长，前者是精神发育，后者是专业成长。没有精神的内生长，甚至没有内在的痛苦挣扎，外生长是不可能的。就像一棵树，根系不发达，外面也长不大。没有精神修炼的语文教师，即便是在世俗层面有一些斩获，有一些"成功"，往往也是头重脚轻根底浅。

和一些世俗化的"名师"交流，不难发现他们的浅薄无知，曲学阿世，没有心肠，只有趋附名利权势之心。

一个教师的生命根基如果不是建立在磐石上，而是建立在沙土上，迟早是要倒塌的。有些是从外部倒的，有些是从内部倒的。

我想，一个教师首先要思考"教育要干什么"，在此前提下要思考"自己所教的学科要干什么"，如果你说"就是要考试"，那就不用说了：你只是个教育符号而已。韩愈在《师说》中认为授业解惑不传道的人就不算教师，在我看来，只教考试的教师也不是纯粹意义上的教师，尤其是文科教师，越迎合考试越显得可疑。

对于语文教师而言，想明白了教育想干什么，再来思考语文想干什么，也许才能清楚语文教育的方向在哪里。

教育是必要的乌托邦，注定了教师必须是一个理想主义者。

一个理想主义者对社会也许改变不了什么，但对学生而言，有没有和现实产生张力的理想主义，一定不一样。

理想主义者和功利主义者是活在不同的精神维度里面的，生命质量和幸福指数也不一样。

功利主义者很容易滑向市侩主义、犬儒主义，对重要问题往往奉行鸵鸟政策，以为把头埋在沙子里就岁月静好了，其实一不小心就暴露出精神格局的"小"。

如果一个语文教师只知道语文考试，成天思考研究的是怎么考试，怎么提高语文分数，那无法谈什么语文教育理念，更无法谈什么教育。这样的教师，就是一个语文训练员，就是一个技术工匠，职称再高，名气再大，身份地位再高，顶多可以成为学科专家，而不是一个真正的教师。

目前的形势下，我对语文教师身份的排序是：普通教书匠，优秀教书匠，语文学科专家，真正的语文教师。

仅了解语文知识、精通语文教学技术与考试技术的教师也许可以成为语文教学专家或考试训练专家，但还算不上是一个真正的语文教师。

真正的语文教师不一定是什么语文教学的"专家"，而是超越了语文教学技术或语文考试技术，努力为自己的语文教育教学探路的人，是以语文教育教学为精神家园的人，因而，语文实践就成为真正的语文教师追求理想、实现价值的道路，成为终生追求的目标，而做一个语文教学"专家"往往显得狭隘，像鱼缸里的鱼，在语文教学训练的小空间里游来游去，忘记了语文教育的汪洋大海。

一个真正的语文教师不仅仅要承担传承知识、文化和应对考试的责任，更应该承担培养人的责任，让人学会思考，学会成长，学会认知自我。

教育是"让人成为人的事业"，自然，语文也应该成为"立人的语文"。

教育有推动社会进步的功能，而对社会的推动就是对人的推动。社会的进步和转型必然是以人的进步和转型为依托的，片面的物质进步而没有人的进步（主要是观念转型）只能留下物质的废墟和人的碎片。

中国这种社会的转型本身就非常困难，"搬动一张桌子几乎也要血"（鲁迅语），无法进行"系统改造"，如犹太哲学家波普尔所言，只能进行"零星工程"。

对于当下的教育而言，只能一个人一个人、一个家庭一个家庭、一间教室一间教室、一所学校一所学校、一个地区一个地区地缓慢进行，根本无法指望自上而下的系统作业。作为普通教师，注定做不了什么大事，只能做小事情，只能从改变自己的知识结构和价值观开始，点亮心灯，照亮自己，也许可以辐射他人。

钱理群先生希望教师们"想大问题，做小事情"。事实上，教师面对的事情大多都是小事情，但不能不想"大问题"。

真正的语文教师可以成为"想大问题"的表率，不断拓宽自己的精神时空，努力整合资源，给学生不同的眼界，引导学生确立精神坐标，放大自己的格局，也许会被人讥讽为"吃地沟油的命，操中南海的心"，但不思考"大问题"，一个语文教师就免不了小家子气。

西安的郑刚老师甚至认为，语文教师应该成为"文化精英"和"社会良心"，这个要求挺高的，不是每个语文人都会这么想，但一个语文教师努力成为"知识分子"而不是"知道分子"应该是一个方向。

在社会大系统中，教师其实很卑微。一个普通教师万不可高估自己，但也绝不可轻看自己，事实上，一个好教师对学生的影响甚至会超过一所学校。

我自己的方向就是，努力撒播种子，但不指望马上收获，许多功夫当时好像都是白费的，许多种子似乎都是长不出来的，这和一个学生所在环境的文化土壤与价值信仰有关，但说不定几年、几十年之后就会有发芽长叶甚至开花结果的可能。比如你课堂上提到过的书或电影，学生当时没时间读，没功夫看，但后来读过、看过，这就是收获。事实上，一个人在中小学阶段读过的书、看过的电影会成为一生的财富，并化为骨骼与血脉。

教育是根的事业，语文教师需要沉潜的功夫，守住自己的本分。到处推销课堂技术很容易把自己变成演员，而演员型教师是需要警惕的。

总之，语文教学与语文教育是不能分开的，谈语文教学，不说语文教育是没有出路的，因为教育面对的是人。

考查诗歌鉴赏是不是一件很扯的事？

一

中华民族是一个直觉思维高度发育而理性精神发育不良的民族，由此也造成一个诗歌的大国和哲学的小国。从大量的古典诗歌中，能看到这个民族"感情细腻，思维粗糙"（崔健语）的风格，虽然这些诗歌是传统士大夫之作，但作为一种文化最典型的载体，从许多诗歌中还是能够看到"笔力轻淡，词气安和"（钱锺书语）的风格，也就是说，中国传统诗歌无法承载厚重、深刻、博大的内容，大多是在通过语言"打水漂"。

有大量的话别诗和描写自然山水的诗歌，许多诗不过借着意象拐弯抹角地吐吐槽，隔靴搔痒地骂骂娘，隔山打牛地骚骚情，站在西楼上望望月，想想情郎或追念一下那个和自己搞过一夜情的女子，或拍拍栏杆做做梦，意淫一下庙堂，发泄一下自己不被重用的愤慨……在一个言论不自由、精神生活受限的乡土社会，倒是对身心健康有好处，因为大家都凌空蹈虚，不敢大胆做自己，诗人也是人，何必太认真！

二

　　冉云飞先生说，学习古典诗词是为了更好地做一个现代人，这句话论证起来似乎有点麻烦。至于诗词鉴赏考试，我觉得学生在很多情况下是"盲人摸象"，因为古典诗词昌盛的那个时代氛围已经不存在了，考试则是碰碰运气，深层次的原因在于与传统文化的隔膜。

　　文字承载文化和文明，中华文化的最美语言往往体现在古典诗词中，其丰富与美丽、高贵与优雅、深情与悲悯……在一篇篇纸短情长、耐人寻味的诗词中得到了充分的表现，可以说，诗词是中国文化唯美化的象征，其最大价值在于"犹抱琵琶半遮面"的审美。

　　古诗词是乡土社会的文化表征，简洁、凝练、意象寄托，文艺味很浓，许多诗词往往并不直接说出自己的想法，而是采用一些意象和寄托。

　　诗歌是农业文明的遗产。现在每年的高考进行诗歌鉴赏的考查，无疑是对一种正在逝去的农业文明的追悼和怀念，麻烦的是，水泥丛林里的学生要明白古人在自然山水中感悟的东西，仅仅靠刷题恐怕是不够的，而且容易搞坏胃口。

三

诗歌是变形的艺术，中国古典诗歌更是曲径通幽，隔山打牛，言近旨远，往往靠意象、意境说话，借助于各种修辞艺术。在表现上，云遮雾罩，点到为止，也有耐人寻味之功。

由于专制主义的千年禁锢，思想言论也长期受到限制，文人难以自由表达，不敢直抒胸臆，为了避免和现实政治发生矛盾，诗人们只好拐弯抹角地说话，其诗歌语言往往也是讲含蓄、重暗示、忌直说，思想内容上多是蜻蜓点水式的寄托、讽喻。中国古代大量的抒情诗歌，多是和个人遭际、家国情怀有关，从中能看到一个民族的文化心灵空间和其精神走向。

诗歌重在"悟"而不在"解"，真正的好诗只能接受，无法理解，你不知道它是怎么来的，谁又给了作者如此的灵感与智慧。

语言对于美是有限的，无力的，对于承载大千世界的真理更是微不足道的。

南宋严羽借禅喻诗："大抵禅道唯在妙悟，诗道亦在妙悟。"诗歌的价值主要在于审美，在意象、意境的组合中给人一些启示和慰藉。

中国诗歌往往只表现情绪、传达情感，与现象世界密切合作，与本体世界关系不大。它是感性的、直觉的，如果用分析、归纳与综合的理性思维去规训感性、直觉的艺术思维往往会适得其反。

用逻辑去规范美感，本身就是对美的伤害。

学习语言知识和形成语言能力是不同的，就像懂得浮力原理和会游泳是两个完全不同的问题一样。我们要培养的是会游泳、会自救、有能力的人，而不是懂得浮力原理的空头理论家，知道修辞手法的修辞学家。

与其那么出力不讨好地训练诗歌鉴赏试题，不如让学生尝试写古代诗歌。这一点我就尝试过，而且很成功，甚至我让学生用班上同学的名字（可拆解或谐音）写诗，引起学生很大的兴趣。

写得好古诗的一般都是读得懂古诗，而读得懂古诗的不见得写得好古诗。

道理很简单，成天讲游泳理论，看人家怎么游泳，分析泳姿是蛙泳还是狗刨，没多大意思，不如到水里多扑腾几下。中国从来不缺空头理论家，缺的是真正的实践家。

有人说，学习语言和驾驶汽车一样，重在上路实践，机械原理没必要知道那么详细，会开就行，维修有各地的4S店、服务部。学习语言不能把学生变成修理工，变成修辞语法专家。

诗歌是审美的，会写诗的学生，审美能力一定不会太差，因美的眼光一定来自于美的心灵。

现在的诗歌鉴赏试题多不告诉学生关于作者的种种情况，写这首诗歌时候的个人境遇以及时代境况，然后就弄一些莫名其妙的选择题和主观题去训练，学生只好盲人摸象式地瞎猜瞎蒙。这不仅仅是读懂诗歌的问题，更是对阅读常识的尊重问题。如果继续这样下去，学生恐怕对古诗的兴趣也就丧失殆尽了，何谈什么"继承传统文化"？这才是最麻烦的。

所以我在想，多年的语文诗歌鉴赏考查是不是一件很扯的事？因为它扼杀了真正的审美，用标准化的解读代替了个性化的理解。这才是最要命的。

课堂上，掌声为何而起？

在我近三十年的课堂上，有过无数次掌声，但学生为什么鼓掌，大多忘了，能够记起来的有那么几次。

一次是在上课后，我发现后面站着一个女生，我问她为何站在后面，她说迟到了，按照班规，班主任让站一节课。我问学生：班规是班主任和你们商量后共同确定的，还是他自作主张订立的？学生们不吭气了，大多只是在摇头，有个别学生低头抿嘴浅笑。

我自然知道是怎么回事了。

在一种特定制度下，班规和纪律法规一样，往往不是"约法"，而是由长者、尊者制定的"王法"，它的运行并不需要经过公众的表决同意，其目的在于培养威权下的顺从意识，约束人的个性，培养人的群性，而群性天然鼓励奴性，并把它作为一种美德去培养。所以，这种垂直压力下的"规定"往往对管理者有好处，而不见得对学生有好处。

于是我就说："如果没和你们商量，那就不算数，请回到座位上！而且，这是我的课，我可以做主。"刚一说完，没想到全班孩子就鼓掌。

记得有一年学习徐志摩的《再别康桥》，为了深入理解这首诗，在辅导课上我就讲了徐志摩与张幼仪、林徽因和陆小曼三位女性之间的爱情故事，也顺便说到他和美籍华裔女作家、诺贝尔文学奖得主赛珍珠之间也有一段短暂的恋情。

我说："徐志摩是一个情种，他把感情当作宗教，是一个为感情而生，也是一个为感情而死的人。"还没等我进一步升华到"支撑你的东西往往也是绊倒你的东西"这一句，一个男生嘴里突然冒出一句："真是个禽兽！"

一说完，有学生就笑。

我只好停下来追问："刚才有个同学骂徐志摩是个禽兽，请大家想一想，一个爱女性的浪漫诗人是禽兽，那么世间的禽兽男人是不是太多了？"

许多男孩子凝神沉思。

我停了一下接着讲："世间各样事物，唯有生命是最可宝贵也最值得赞美的，如果一个人，不管男人女人，对生命之美都无动于衷，我们就要怀疑他生命的成色和人性的饱和度。况且，对于诗人而言，许多灵感就来自于生命之爱的触动，写作要好，首先要爱生命，这是书本上不会讲的。从《诗经》上的《国风》民歌到'古诗十九首'，从唐诗、宋词到元曲、明清诗歌以至当代的许多流行歌曲，许多优秀作品都是在写爱情，都是因为爱触发了灵感才创作出来的。爱，是生命的源头，其至可以说，世界源于爱，世界发端于爱，世界的本质就是爱。有人说：'灵感离不开性感，才情与爱情齐飞。'许多艺术华章就是爱的产物，生命也是爱的产物，任何创造都和爱有关系，对爱的否定其实也是对生命的否定，是对真理的否定。如果有同学认为对生命的爱是一种非人性的行为，那么只能说明你们接受了错误的教育，接受了错误的价值观。爱是两情相悦，是自然的本能，世上的男人就爱女人，这是天意，但爱首先需要学会尊重，不能强制，你看强奸犯也讲爱，他们说，只是和人家没商量（大笑）。我们说爱是伟大的、神秘的、甜美的，但爱也是严肃的、庄重的、有边界的、要学会尊重的。徐志摩的滥情，对爱的不严肃、不慎重，也让他付出了沉重的代价。"

下课铃打过了，我没有按既定程序说"下课"，只是说："这一节课就到这里。"其实还有很多话没说。没想到，孩子们自觉起立鼓掌，我只好鞠躬致谢。

还有许多掌声，有些是对学习内容的喜欢，比如放电影或视频短片；或者报告一个好消息，比如假期不补课之类，但更多的是，所讲的内容恰恰触碰到了学生内心的盲点或兴奋点，引发了他们的共鸣。

比如，一次课前活动，有位学生推荐了周国平的《灵魂只能独行》之后说："每个人都独一无二，所以要学会面对孤独，学会自我成长。"

一般情况下，在学生的分享完成之后，我都要点评总结或者延伸发挥，这一次也是一样。虽然我事前不知道他们会分享什么，但还必须点评，这对我很有挑战性。

我说，对于心灵，没有比孤独更好的养料。孤独让我们对世界保持静默，让我们和自己亲密拥抱，因为每个人其实都是被抛到这个世界上来的。每个人的到来都毫无凭据，毫无理由，每个人都是孤独地面对这个世界，而孤独也给了我们自由。如果一个人不热爱孤独，那么他就不热爱自由。独处也是一种能力，不是每个人都具备。一个人只要独处一隅就寻找朋友，寻找精神依托，说明他还没有真正长大。频繁生活在社交场合的人其实要牺牲许多自我，为了迎合他人需要经常迁就和忍让，这是对自我完整性的出卖，而且长期社交也容易枯燥乏味。富人喜欢过花天酒地的生活是因为他们企图把精神贫乏的悲惨生命变成物质的盛宴，这种炫耀性的消费过后，带来的可能是更大的空虚和幻灭。叔本华说："我们承受的所有不幸皆源于我们无法忍受独处。"如果我们的所有快乐都要从他人那里获得，那么说明我们只是活在他人的世界里，也说明我们的自我并不坚牢，至于靠他人肯定才能确定自己。

胡适说："世界上最有力的人就是那个最孤独的人。"因为他不需要外在的支撑，就像一个腿脚好的人不需要拐杖一样。其实，不管什么时候，真正的力量只能从内心深处获得，外界仅仅是一种背景。

精神人格最完美的人往往也是孤独的，因为他本身已经非常丰富、非常完备，不用外求。国学大师陈寅恪说："一生负气成今日，四海无人对夕阳。"这是一种壮美的孤独。尼采说：

"你飞得越高，在那些不能飞翔的人眼里越是渺小。"老鹰不会与麻雀一起飞翔，这就决定了真正的优秀者的孤独，而这种孤独是一种奢侈的精神狂舞。

当然，承受孤独可能要承受痛苦，但从自然界来看，生物在自然界中所处的位置越高，他就越是孤独。那些弱小的动物，比如牛、羊、鹿等等，喜欢群居，而凶猛的野兽比如老虎、猎豹等则喜欢独处，因为它们自身足够有力，可以独自谋食。孤独、寂寞甚至痛苦也是高级动物的特性。在人类社会中，伟人常常孤独，而庸人就不会孤独，他们打麻将、下象棋、玩网游、"煲电话粥"、跳广场舞、频繁约会……孤独的人会痛苦，要化解痛苦就需要朋友分担，需要外界安慰，需要通过娱乐转移注意力，需要阅读来整理和平复自己的内心……因为人是社会动物，真正能够长期忍受孤独的人不是野兽就是天才。但普通人不可能长期过孤独的日子，也不可能频繁聚会，所以独处与合群都是必不可少的。如此看来，不仅要学会合群，更要学会独处，因为一个人最终面对的是自己，也只有自己是自我须臾不可分离的朋友。人的自我完成都要靠自身的内心修炼，如何处理好与自我的关系是一门重要的功课。

在这些话语中，我穿插了一句："你看，庸才上厕所也结伴而行。"没想到这句话让孩子们那么高兴，就自觉鼓掌。后来观察，这个班上再没有发现上厕所同去的了。

课堂上，常有老师鼓励学生鼓掌，甚至索要掌声，其实这是一种平庸的策略，学生的虚以应付只是一种礼貌性的行为，而且鼓掌也是一种群体压迫下的传染病，要让学生自然发出掌声，教师就要打开课堂，以心换心，用生命讲课，甚至完全交出自己，只有这样才能引发学生内心的共鸣。

当然，最热烈的掌声是发生在一个寒冷的雪天里，当我在高三的课前宣布"今天休整一下，去操场玩雪"时，才真正体验到了"雷鸣般的掌声"。

谈谈课堂的"跑马"

许多教师上课都有不经意的"跑马"现象，就是讲到某一个环节，或某一个题目时，突然联想到一个很有趣、很有教育意义的相关话题或知识，由此引申开去，信马由缰，自由奔跑，不小心就让学生意出尘外，或旁敲侧击，或歪打正着，或曲径通幽，这是教育人的幸事，也是学生们的幸福。尤其是文科教学，本就和生活对接，要把某个道理讲清楚，不联系社会历史文化现象是很难奏效的。

本人上课就喜欢"跑马"，在学生的激发下，常常是借题发挥，自由引申，旁征博引，最大限度调动自己的知识资源和精神资源，就是为了把课上"大"，上得充实，也上得自由，只要学生喜欢，对成长有好处，各种知识都可以进入课堂。

在我心目中，课堂也只是一个容器，往里面装什么，在了解学生需求的情况下，关键在教师。教师在向课堂外拓展的时候，也尽可能讲出自己知道的真相。我认为，真正的教育首先应该是真实的教育，这种教育是由外而内的，要把根扎在学生的心灵深处，从小给孩子们打下真善美的精神底子。

从逻辑上讲，"真"是事实判断，"善"是道德判断，"美"是价值判断，这三者之间会有矛盾和冲突。但我认为，真，是价值基础。再美的塑料花，也没有路边的鲜花美丽，所以，我追求课堂教学的真实，对那些做出来的漂亮的"假课"嗤之以鼻。

可能有人认为这样做是否偏离了课堂话题，是否合乎学校管理部门的"要求"，因为有些学校要求不能讲"与课本无关的知识"，还美其名曰："学术无禁区，课堂有纪律。"其实，孩子们最喜欢教师有趣、有味、有料的"跑题"，这些貌似"跑题"的知识信息，是在真实的课堂情境中自然生发出来的，不是预设的，它本就是和课堂实际有关，是和教师的生命结合在一起的。离开这个情境，恐怕也不可能讲出来，因为教育教学的机会转瞬即逝，放过就是一种教学的遗憾。在课本无聊、试题枯燥的应试教育背景下，只有讲讲与课堂内容相关的"课外"知识才能让思想冲出课堂之外，开放的课堂也体现出开放的思想。

我的课堂常常"跑题"，有时候下课很自责，是否扯远了，虽然学生很喜欢，但也担心被投诉。后来发现许多优秀的文科教师上课都爱"跑题"，也就心安理得了。

读蔡朝阳老师的书知道他也爱跑题，因为他在"寻找有意义的教育"；扈永进老师的上课铺垫似乎"跑题"更厉害，听到后面才知道他真是苦心孤诣，甚至有些"居心叵测"；叶嘉莹老师在讲唐宋诗词时，讲到高兴的地方，就放得很开，自由发挥，常常向学生道歉："对不起，我又跑野马了。"学生们就鼓掌致谢。其实，她的这种"跑野马"恰恰把唐宋诗词中那些最美丽、最灵动、最有味道的东西挖掘出来了。因为诗歌是历史深处的隐痛，它比历史更真实。历史过去了，无声无息，而它留在普通人心灵上的印记恰恰通过诗歌表现出来了，这种"历史的真实"反映的是诗人心灵的真实，是时代的精神投影，它比历史的宏大抒情更耐人寻味，所以，只有这种"跑野马"的自由讲述，才能挖掘出诗歌真正的内涵。这种自由挥洒恰恰是一种教学情感的投入，似乎不把自己知道的这些有价值、有意义的东西讲出来，就对不住自己的良心，这种良心的自由恰恰是教育最本质的东西。

教育教学是自由选择的艺术，选择什么，在于教师的眼界，因为在时间成本一定的前提下，一种价值的被选择可能意味着另一种价值的被放弃，这是对教师的挑战，考验教师的"三观"和智慧。

我的做法是，就是在毕业班的应考复习中，也不必拘泥试题的限制，可以努力把课堂放大，就是程红兵老师说的"打开课堂"。

比如在高三复习中，讲授中国诗歌"含蓄"的特点，我是这样发挥的："含蓄"其实不仅仅是中国诗歌的特点，也是东方美的重要特征，在一个倡导和谐、关注整体的封闭社会中，文化人格的特点也是要求内敛、含蓄、不张扬。中国诗歌从

《诗经》时代开始就有"乐而不淫，哀而不伤"的传统。为什么中国古典诗歌重含蓄？这就不能不联系中国国情和中国人的性格，也就是不能不联系出现这种文化产品的文化环境和文化人格。因为中国社会结构单一、封闭、保守，尤其是从始皇以后，缺乏言论自由，历史上因说话治罪遭贬的案例很多，也使中国文学史几乎成了汉族失意士大夫的文学史，"诗意"几乎成了"失意"的代名词，在这样的环境中，诗人只有借助外界事物——意象——含蓄地表达自己才比较安全，这样，"含蓄"就成了一种语言策略，也成了一种人格特点。就此而言，"含蓄"也是东方专制主义高压下出现的一种畸形审美特质。

讲到文言中的"士为知己者死，女为悦己者容"时，我就问学生：如果你碰到一个真正了解你的人，你愿意为他去死吗？女人为喜欢自己的人打扮，那是因为爱，但爱美难道就是为了别人吗？

停了停我继续讲：不管"为知己者死"还是"为悦己者容"，都是把自己的存在寄托在别人身上，把自己的价值和别人捆绑销售，这其实是一种虚假的自我存在，不是真正的自我存在，真正的自我存在是为了自己，人都是为自己而活的，除非你找到了信仰，才会超越自我。

讲"仁政"，我也简单明了：就是把人当人。

这样，不仅拓展了课堂时空，也拓展了学生的精神空间，学生学到的不仅是知识，更是文化，获得的是思想智慧；同时也能够展示教师的自由精神，影响到学生的人格建构。

当然，课堂的自由毕竟受到时间的限制，在现代教育制度下，学生的时间被分割成许多块，不能在一个较长的完整时间段集中思考和探讨一个问题，如果过于自由发挥，就容易让学生云里雾里，不知所终，而且容易和学生的知识背景脱离，所以教师的自由发挥应该注意几点：

一是注意恰到好处，不可节外生枝，旁逸斜出；

二是注意节约课堂时间，保证能够完成课堂教学任务；

三是注意和学生的知识背景对接，了解学生的愿望与爱好；

四是教师要有教学智慧，学会自设边界。

对真实的阐述，可以摆事实，但要节约自己的价值观，让学生学会独立思考和自由选择，不可强制灌输，这也是需要自我提醒的，因为真实也是一把双刃剑，对孩子脆弱的心灵有可能构成伤害，教师应该引起警惕。

总之，只要对学生的成长有利，教师可以根据情况放大课堂，拓宽内容，因为新课程的要求就是"用教材教"，而不是"教教材"。在教学方针和教育方向没有根本变化的大前提下，教师就是决定教育的力量。好的教育依赖于好的教师，好的教师自然有自己的教育学。就此而言，教师的"跑马"也是一种智慧，需要修炼，需要学习，需要扩大自己的知识视野和人文视野，对于基础教育而言，各科教师都可以努力去做。当然，这也需要教师的教育价值观、教学勇气甚至教育信仰的支撑。

写作连接着生命的健康

　　批阅考试作文，你会发现我们的学生"假唱"严重，定向思维明显，大多数作文是同质化的，不敢大胆展示自己，有些甚至装腔作势，喜欢宏大抒情，不惜玩弄文字技巧，其实思维粗陋，缺乏自洽的内在逻辑。面对这些作文，不由得让人思考：到底谁在逼孩子说谎？

　　文章本来是展示自己的一种方式。通过文章，读者可以了解作者，看到作者的人格、尊严、情怀、良知。文章是一个人真实自我的有机组成部分，它传达一个人内在的声音，也是实现社会价值的一种方式。对学生而言，作文是自我教育、自我发展、自我完善的构成部分，通过作文，也可以不断与自我对话，起到自塑灵魂的作用。

　　从知行合一、文如其人的角度讲，作文的原则与做人的原则应该是统一的；从内容与形式合一的角度讲，作文的内在美与外在美也应该是统一的——使用的语言是美的，表达的思想也应该是美的。

但是，美离不开真，再美的塑料花也没有路边的野花美丽，因为野花是有生命的。

看看我们现在许多学生的作文，既没有思想，也没有材料，文化信息含量稀薄，空话套话连篇，一些学生的写作学习就是跟着高考满分作文亦步亦趋，开头妙语连珠，用比喻句、排比段等虚张声势，完成涂脂抹粉、花拳绣腿式的"登台亮相"；中间把屈原陶潜李白苏轼等文化名人硬拿出来"游街示众"，完成充实内容、列举事例的"文化造假"；结尾点点题目，唱唱高调，翘翘尾巴，完成"画龙点睛"式的结构套路。当然能做到这样还算好的，差的就不用提了，尤其是空洞的流行话语依然以精神流水线的方式在不断地重复生产，很难看到学生真实的思想和人格，我们看到的是学生精神的空洞，内在生命的荒芜，这种精神的空洞其实是应试教育背景下教育空洞化的表征。

追根究底，学生为什么要说假话？

因为说假话可以得高分。

这是一个可怕的逻辑。

在一个用分数来评断一切的校园里，既然思想造假可以骗来分数，我何必要真实？表达真情实感岂不是犯傻？如果我们从小就让学生看着别人的脸色说一些与自己的生命无关的话，并不断强化这样一种意识——不诚实可以达到自己的目的，那么，学生长大后会成为什么样的人？

写作连接着生命的健康。一篇文章就是作者的另外一个生命，从某种程度上说，文章是什么其实也意味着作者是什么。

只有真实的表达才会有健全的人格。说假话从某种程度上说，就是精神虚弱的表现。一个内在坚强勇敢的人不会靠假话活着，就像腿脚好的人不会老依赖拐杖走路一样。

教育归根到底是培养人的，人的成长依赖于内在的成长，一个内在虚弱、不敢真实表达自己、总是想通过自欺欺人来获得外界认可的人，能说是一个人格健全的人吗？作文的价值评判直接引导的是学生的价值观，如果价值观出了问题，思维方式和行为方式都会出问题，最后，教育的问题会让社会不断为它买单。

当然，说学生写假话得高分似乎低估了语文老师的水平。情况虽然不可一概而论，但作文价值评判的问题的确长期存在，虽然素质教育、新课改喊得很响，但扎扎实实搞的还是应试教育。学生和老师都是应试教育的受害者。在应试教育下，学生的许多时间被各种练习题和试卷挤兑，许多学生已经分不清什么是好的语言，只知道什么是可以得分的语言。

这种情况使学生的作文和做人出现背离，作文成为游离于生命之外的东西，变成了学生通过虚假的表达取得成绩的道具，而不是心灵成长的载体，长此以往，会严重影响语文教育的品质进而影响整个教育的品质。

但当真作文出现的时候，如何对待它，则考验一个语文教师的价值判断力。

记得有一次考试，作文试题给了这样一段材料：

怎样让一个鸡蛋立起来呢？放任自流，是不可能让一个鸡蛋立起来的；鸡蛋的顶端轻轻磕破，可以让鸡蛋立起来；做一个模具，把鸡蛋放在里面，可以让鸡蛋立起来；做一个支架，把鸡蛋放在里面，也可以让鸡蛋立起来。

鸡蛋如此，人又何尝不是呢？

要求学生自拟题目、自选文体（诗歌除外）、自定立意，写一篇不少于800字的作文。

从材料看，命题人似乎想让考生把鸡蛋和人的成长独立联系起来写，表达诸如"生命的规范""困难和不幸让人成长""成功学"一类粗陋的观点，结果我的学生胡雨萌是这样写的：

请对我"放任自流"

看完这个材料，我在想，为什么要让一个鸡蛋立起来呢？

是否立鸡蛋的人想无聊地展示自己的聪明才智，才限制住鸡蛋的自由，甚至不惜打破它，只为将它成功地立起来？

为什么要毫无意义地立起一个本身要自由滚动的鸡蛋呢？因为社会懒得照顾到每个人的发展方向，所以要限制住每个生命的自由，甚至不惜伤害生命，将每一个个体改造得面目全非，来实现它的秩序。

由鸡蛋，我想到了我自己。为什么要让我按照别人设计的轨道前行？我不会去违反常理、违背自然规律地立起一个鸡蛋，也请你别用模子和枷锁捆住我的手脚。

人的一生如此漫长，又如此短暂。科学研究发现，我们对时间的感觉很大程度上与对所做事情的喜恶程度有关。做喜欢的事，时间便过得快，相反，便会觉得度日如年。所以细想起来，便会发现原来对于要做许多自己喜欢的事情的人来说，时间是如此宝贵，当你发现你自己所爱的，就应该抓紧去爱，因为生死不分，生命充满了许多不确定性，很难保证不阴差阳错，再说，生命也是不能等待的，更是无法保存的。

"生命是海洋，当我们活着的时候就应该尽情地遨游，游向自己所爱的，因为生命的狂涛不知道什么时候会到来，从而卷走一切梦想和希望。"这是《悟空传》中的一句话，每次想起，便觉生命不应该懈怠，更不应该无聊地荒废时间违背自然规律而去"立鸡蛋"。

我要按照自己的内心生活，追求自己热爱的事物，拥抱自然美景。因为人生如此短暂，俯仰之间即成过往，而生命无法追回。纵你们摇头叹息，纵世界认为我离经叛道，纵一生毫无结果，只要我活得快乐，没关系。

这个天地，我来过，我深爱过，我奋战过，我不在乎结局，我只要过程的精彩。

人和鸡蛋一样，作为生物学的存在意义本身就是繁衍生息，保证种族存活，除此之外的一生，那么长，都是空白的纸页，供你自己涂写。每个人存在的意义皆不同，又何必费力地将自己的青春年华都用来讨好别人。做自己，就是最好的存在，何须求得他人的肯定？

说得再直白些便是：生我何用？不增欢笑！灭我何用？不减狂骄！

若是随心而活，做完整而真实的自己，却被称作"放任自流"的话，我愿一生都放任自流，不再回头。

客观地讲，这是一篇有观点、有性情的文章，作者反向立意，大胆质疑试题导向，尽情表达自己，一气呵成。

从作文材料的要求看，命题人似乎希望考生和命题指向同气应声，孰料命题意识的狭隘、专断与比喻的蹩脚，导致学生对该材料内容指向的批判，反而逼出了一篇独抒性灵的好文章。

常识告诉我们，思想是无法纳入一个套子里的。让鸡蛋站立本身就是一个无聊的尝试，近似于智力游戏。鸡蛋的价值是孵化生命，而不是立起来。这一点被学生捕捉到了，全文的思想观点似乎有点非主流，其实"思想从来都是个人的、独异的、非正统、非主流的"（林贤治语）。这种卓异的思维才是真正的思想，和许多作文趋附主流的道德表演不同，它敢于大胆展示自我，向世界宣示：我要追求个人的自由和幸福。这正好表现出学生的道德勇气，自由精神，难能可贵，从培养创新人才的角度看，教师要通过成绩来鼓励学生的大胆思考，个性言说。

从独抒性灵的角度看，这篇文章应该属于一流作文，可在该次作文考试中成为全班最低分数，60分作文仅得43分。她是这个班上让我比较欣慰的学生之一，因为爱读书，敢于独立思考，有写作个性。

我想，语文教师的工作，不仅仅是培养出会使用语言工具的人，更应该培养出有独立思想、独立人格的人，可是当这样的人出现的时候，我们又通过成绩来无情打击，而且美其名曰"为了孩子好"，怕将来在高考中吃亏。这不是"叶公好龙"的现代翻版吗？难道高考的目标就可以劫持人格的成长发育吗？

看看全国各地的高考作文命题，其实大都没有限制考生的思考方向，鼓励多元的思考，可我们平时的作文训练为什么要给学生预设一个思想的套子？

由此我想到两个问题：一、如何命出能够触发学生写作热情的作文命题？二、面对学生的个性作文我们应持一种什么样的态度？

这两个问题的落脚点依然是"人"的问题，就是我们要培养出什么样的人？不能因为有高考升学的存在就一切围绕高考展开，导致高考进、教育退，糊里糊涂进行教育教学。

这些年，作文考试命题喜欢采用材料形式，其好处是可以承载命题人的多种命题指向，又能有效地防止作文宿构。但一些糟糕的训练题容易把学生的思考窄化，阅卷老师的定式思维也容易打击学生的独立思考，逼迫学生趋附主流，追求思想的标准化。

如何避免此类问题？我想，教师除了多读书之外，就是要思考一些教育问题，尤其是思考"教育要培养出什么样的人"。

人性的堕落、道德的沦丧是我们面对的严峻问题，在制度问题依然难以解决的当下，教育不能无所作为，教师不能忘记教育的目标，应该在个体层面有所行动，努力超越这样一个时代的狭隘氛围，即便是和社会有一种张力，也当在妥协中智慧坚守，因为教育原本就是影响生命的一种活动。通过教育生活，教师提升了自己，找到了乐趣和幸福，命有所依，魂有所托，不能死在高考的指挥棒下，这一点，语文教师当有深深的文化觉醒和生命自觉。因为孩子的生命质量，就是我们未来的生活质量。

写作不仅连接着孩子生命的健康，也连接着教师生命的健康。

课堂不过是个筐子

目前，各个学校普遍采取的是大班制，集体评价，虽然也提个性发展，但因为国情，往往很难照顾到学生的个性需求。在课堂教学上，虽说"教什么"比"怎么教"重要，但到底什么才是最应该教的，这对教师来说，既是观念挑战，也是智慧考验。

新课程理念下对教材的要求是"用教材教"，而不是"教教材"，用叶圣陶先生的话说："教材无非是一些例子。"所以，讲一篇课文，教什么，这决定于教师。教师本身就是课程，"教什么"和"怎么教"应该由教师说了算，尤其是文科教学，教师的独立处理教材能力至为关键。

记得有一次在微信群看到台湾慈明高中的莫玉玫老师的聊天记录。

她讲到自己在讲解白居易的《琵琶行》时是这样做的：先把作者、题解、课文说清楚，再和其他篇章（比如《明湖居听书》和《赤壁赋》）做比较，然后再谈送别、偶遇等情节发展，重点是作者与琵琶女相遇如何在"话题"中有了强烈的共鸣。因此学生必须和教师一起思考：认识新朋友时，是该存有戒心保护自己，还是敞开心扉畅谈人生？尤其是最后这个问题设计得非常妙。虽然似乎超出语文教学"知识"的范畴，进入了社会学领域，但是对于学生的待人接物以及和陌生人相处的方式都有涉及，这样的问题与工具化的语文知识似乎不相干，但和"教育"相连，是非常用心的一个设计。

在我看来，一切的课堂知识如果不能走向生活、走向人生、走向社会，那么这样的知识除了考试还有什么用？

学者赵鑫珊说过，一切的艺术都呈现一个"空筐结构"，就是这个艺术作品里面承载的意义是艺术的享受者后来附加上去的。

对于作品而言，其全部意义就是作者赋予它的意义和读者赋予它的意义之和，但由于作品进入消费之后，作者对作品的意义已经失去了把控，作品变成了一个社会的独立存在，它被赋予什么样的意义决定于读者。由此看来，作品的意义在某种程度上是由读者决定的，而在教育教学的时候，如何赋予这个作品更大更新的教育意义，则决定于教师文史哲的素养以及对教育教学"意义"的深刻理解。

记得我在教杜甫的《蜀相》时，曾经问学生：你认为全诗的"诗眼"是哪一个字？有学生说是"泪"，理由是任何作品其实都在表现作者自己，杜甫表面哭诸葛亮，其实是借诸葛亮的"出师未捷"哭自己的郁郁不得志，属于借他人酒杯，浇自己块垒。还有学生说诗眼是"空"，英雄业绩转眼成空，虽然春色满园，鸟声鸣啭，但除了作者来诸葛祠凭吊还有谁来呢？这两个答案都有道理，只要能说出道理即可，不要追求什么"标准答案"。

我接着"空"这个话题植入另外一个讨论题：那你认为，做一个英雄好还是做一个普通人好？

这下课堂一下开了锅，议论声四起。有学生认为，还是做个英雄人物好啊。活着时可以吃香喝辣，引人关注，到哪里都会得到人们的尊重；死后也会名垂青史，供人学习凭吊。也有学生认为，做个普通人其实也挺好的，英雄有伟大的痛苦，凡人有卑微的幸福，上帝的安排挺公平。当然，也有学生质疑："英雄和凡人之间有界限吗？如何区分英雄和凡人？英雄一定比凡人过得幸福吗？我们羡慕那些所谓'英雄'，其实是羡慕他们的成功，但成功者一定活得幸福吗？普通人其实也是可以成为英雄的。"

最后，我引用《圣经·彼得前书》上的话"凡有血气的尽都如草，他的美荣都像草上的花，草必枯干，花必凋谢"作结，告诉学生，能不能成为英雄不重要，重要的是过好每一天。因为生命是一个溃败的过程，每个人都活在平静的绝望中。一个社会呼唤英雄、树立英雄本不是什么好事情，说明制度不健全。平凡人多，说明社会和谐稳定。三国时代，英雄辈出，可你愿意生活在三国时代吗？真正的英雄不是要冲锋陷阵，杀敌于千里之外，而是能够为自己的心灵做主。不要羡慕别人的成功，羡慕的本质是无知，因为人类的信息不对称是一种永恒的存在，灵魂永远独行。

这样的言说就植入了教育内涵，而这种教育内涵是简单的诗歌鉴赏知识无法相比的。就此而言，课堂也可以成为一个"筐子"，往里面装什么，起决定作用的还是教师。

《将进酒》：苦闷与反抗

在中国文学史上，诗与酒关系密切，许多诗人写过与酒有关的诗。在我们的文化中，酒，似乎成了文化道具，成了苦闷的象征。《将进酒》只不过是其中特别有名的一篇而已。

《将进酒》是一支劝酒歌，是李白 52 岁时的作品，写作时间距诗人在长安被唐玄宗"赐金放还"已有 8 年，当时他在中原一带漫游飘荡，跟朋友岑勋多次应邀到嵩山的元丹丘家饮酒做客，三个都是高人——李白不用说了，岑夫子是可以出将入相的人物，而丹丘生则是才高八斗的隐士。本诗就是劝酒时有所感而写的。

李白这一首诗，最大的特点用一个字概括就是：狂。这种"狂"也是他人格特征的集中反映。

整个诗就突出了一个字：愁！

伟大作品的内涵往往是丰富的，一言难尽的。中国诗歌的"诗意"很多情况下总是和"失意"脱不了干系，这和中国文化在江湖政治面前的失败命运有关。本诗写"愁"，而且是

"万古愁"，这"愁"中有非常丰富的人生内涵和文化内涵，让我们看到诗人在现实中的矛盾与挣扎。我们知道，人总是处在矛盾、挣扎与突破之中，尤其是思想情感的天才诗人。因为人很难摆脱被奴役和挤压的命运，但人为了解放，总在战斗，《将进酒》就是一个天才诗人反击黑暗现实、对抗荒诞命运的淋漓呐喊。

整首诗表面很豪放，内核则是苦闷、愤激与不平。

在一个由庸人掌控的优汰劣胜的文化环境中，天才人物注定了他们永远的痛苦和与现实的永恒的对立，因为天才绝不融入文化，文化销蚀天才的火花，把猛兽驯化为家犬。历史像荒诞剧，挂满了变形的嘴脸；现实则流行强盗逻辑，充斥着流氓的盛宴。天才的李白不甘心被驯化的命运，用诗歌作武器在和文化对抗，渴望实现精神的超越，在入世与出世的两难选择中艰难前行。在这首诗中，酒，不过是灵魂的道具，不过是苦闷的象征，让我们在走不出的铁屋子里看到了一丝精神的温热。用网络语言说：哥写的不是诗，是苦闷。

看看诗歌中那些有名的句子。

　　君不见黄河之水天上来，奔流到海不复回；君不见高堂明镜悲白发，朝如青丝暮成雪。

我们说，中国的传统诗歌基本上都是抒情诗，一般是先写景，后抒情，李白也这样干，但天才人物总是带着对文化传统的破坏进入文化的，一般诗人写景是为了给后面的抒情铺垫和过渡，所以用笔简约、含蓄，而李白则是纵情泼墨，第一句简直不是写出来的，而是喷出来的，震撼人心，给人以强烈的冲击。这两句用"比兴"的手法，让读者由水流的一去不回思考人生的不可逆转。

天生我材必有用，千金散尽还复来。

文学永远属于有缺憾的心灵。"天生我材必有用"，正说明还没有用。李白从25岁仗剑东游，至44岁"赐金放还"，大都在干仕（求官）与浪游中度过，如今满头白发、一脸沧桑，流落失意在江湖之间。在一个官本位的价值系统中，权力成了评价一切的标准，这种超级病态的文化价值观流毒千年，李白自然也不能免俗，一直想进入官僚系统，但一直得不到重用。当然，诗歌也是对心灵的修复，所以第一句是自我安慰，说明诗人依然没有放弃希望。

看第二句，李白一生过得很潇洒，几乎不怎么缺钱。有钱就喝酒作乐。光在扬州一年就花去30万，至于他怎么搞钱，不得而知。只知道他为了求官，有两任妻子都是前任宰相的孙女，有人推测他可能花的是岳家的钱。因为李白的人生哲学是："今日有酒今日醉，哪管明日喝凉水。"及时行乐，不为身外之物所累。这一句，反映了李白的人生态度，尤其对金钱的态度，对李白来说，生命价值的实现比金钱重要。

钟鼓馔玉不足贵，但愿长醉不复醒。

　　这两句诗反映了作者的人生观和价值观，内涵丰富。"钟鼓馔玉"可以有两种理解：一、指富贵豪华的生活。让人想到李白当年在长安度过的锦衣玉食般的生活，现在想起来不过是一场梦，是虚无，不值得看重，也让人想到那些成天过着奢华生活的人，展示出来的不过是虚假的自我，没有什么价值。二、指功名利禄。功名利禄其实没有什么价值，孔子说"四十不惑"，李白都 52 岁了，应该能看开功名利禄这些外在的东西了，还是喝酒作乐最有价值，但麻烦的是，李白并没有看开，长醉不醒正看到了他用麻醉自我来对抗现实的压抑，来忘却怀才不遇的痛苦，希望活在世俗的价值观之外。

古来圣贤皆寂寞，惟有饮者留其名。

　　那些通达的圣哲往往被世人冷落，他们的生命是寂寞的，只有那些寄情美酒的人青史名留。李白不在乎千古留名，他在乎的是眼前的快乐。他说："君爱身后名，我爱眼前酒。饮酒眼前乐，虚名何处有。""我本楚狂人，凤歌笑孔丘"，他看不起追名逐利之徒。在这儿，我们看到一个内心很矛盾的李白，既蔑视功名富贵，又渴望实现自身的价值。这其实是合理的，每个人都是矛盾的统一体，要实现自身价值，就必须和社会交换，但社会一旦被权力垄断，要实现自身价值必须靠出卖人格才能奏效时，人自然就会矛盾，就会被撕裂。李白似乎想放下，而又欲罢不能，想超脱，又超脱不了。

接着他写到陈王曹植。曹植是曹操的儿子，他才华横溢，志向远大，但最终还是没有得到曹操的重用。李白靠写诗进入皇宫，历史上仅此一人，但他却为小人排挤，最后落了个"赐金放还"的下场。他在此写曹植，一方面是"自况"，另一方面也可能有同病相怜的缘故吧。

有一句话需要讨论：对"人生得意须尽欢，莫使金樽空对月"中流露出的价值观你认为是积极的，还是消极的？这一点，李白经常被误读。

积极和消极本身就是相对的，无所谓谁对谁错。过去有一种声音说李白这首诗是酒醉后的胡言乱语，这两句意在宣扬及时行乐的思想。我觉得，对任何事物都不能孤立分析，要放在一定的环境中。对诗句的理解更不例外。这两句诗紧接着上面年华易逝的感叹。既然光阴易逝，那么人生每逢得意的时候，就应该尽情欢乐。这里的"得意"是在对着美酒和知己时才会有的意兴飞扬。单独看，"及时行乐"也没有什么错。人来到这个世界上不是来受罪的，快乐的人生观才是自然的人生观。因为人生是不能保存的，时间不会为任何人停留，过去回不来，未来靠不住，只有现在才把握得住，只有现在才是时间的出口。

另外，人生是一个完整的过程，现在本身就是价值，不能为将来的所谓"幸福"，牺牲现在，人生的"得意"之时，也应该是快意之时，这一点，李白看得很清楚。李白曾说："夫天地者，万物之逆旅也，光阴者，百代之过客也。而浮生若梦，为欢几何？"他就是要及时行乐。好的文化让人活、让人乐，只有坏的文化才让人死、让人苦。我读到周作人、林语堂等在教育子女时都提到过要学会享受生活，享受生命。只要不违背人性、不违背道德、不违背法律，任何快乐的享受都是合乎自然的，而享受生活的方式则每个人不同，李白是纵酒狂歌，酒，是他享受生命的道具，也是他抒发胸中郁闷的凭借。因为纵酒狂歌，历史上少了一个庸俗的政客，而多了一位天才的诗人。那么，如何使我们的生命意志得到尽情抒发，确立生命的价值和意义，走向快乐自由的人生，则在于每个人的寻找。

当然，这一句表面上很张狂，其实我觉得李白失望到极点：与其让这个环境把自己浪费掉，不如自己把自己消费掉，也不枉来人世一场。

为了备好这一课，我还写了一首诗《与李白对酒》，兹列如下：

> 你仄坐松岗，手举酒杯
> 没有丝毫倦意
> 飘飘欲仙的脸上
> 写满了一个王朝的才气

看你斟满酒，

斟满天地的精华

仰头一口，漫天的星斗

瞬间为你点亮

黄河从你的杯中流出

掀起滔天的巨浪

卷起北方的苍凉

如巨大的狂草

抒写着你心中的惆怅

你说，生命是酒

万古一次的陈酿

莫怕受挫

人生无非挣扎

留下些美丽的伤

长河饮不尽，岁月去无痕

人啊，不过宇宙间一缕烟尘

找不见自己的踪影

去吧，功名能走多远

富贵不过粪土

来吧，举起月亮的酒

痛饮生命

这个被权力污染的国邦
别再让世界的心动荡
什么盛世气象
那不过是自我的嚣张
什么文明历史
全是变调的假唱

喝，兄弟，再来一碗
我看见，太阳从你的眼中升起

唐朝失踪了
只有你醉卧在松岗上
成为道具和榜样
也成为一个时代美丽的想象

附

君不见，黄河之水天上来，奔流到海不复回。君不见，高堂明镜悲白发，朝如青丝暮成雪。人生得意须尽欢，莫使金樽空对月。天生我材必有用，千金散尽还复来。烹羊宰牛且为乐，会须一饮三百杯。岑夫子，丹丘生，将进酒，杯莫停。与君歌一曲，请君为我倾耳听。钟鼓馔玉不足贵，但愿长醉不复醒。古来圣贤皆寂寞，惟有饮者留其名。陈王昔时宴平乐，斗酒十千恣欢谑。主人何为言少钱，径须沽取对君酌。五花马，千金裘，呼儿将出换美酒，与尔同销万古愁。

诗歌是历史深处的疼痛

历史过去了，无声无息，只留下宏大抒情的文字泡沫和各种干巴巴的统计数字，诸如事件的起因、经过、结果、影响、死亡人数、后续发展以及历史意义，但历史的回响往往留在文学作品中，在个人的记忆里，而不在政府或胜利者的文件夹里，就此而言，真正的小说和诗歌都比历史真实。

小说追求一种生活的真实，细节的真实；诗歌追求一种心灵的真实，情感的真实。历史不仅记录在官家的案卷上，也记录在个人的诗文里，或者回忆里；历史不仅仅是胜利者、成功者的记功文册，也是个人的苦难记忆。

历史也有三张面孔：元历史，看不到；第二历史，官家的文字史，不靠谱；第三历史，民间的回忆录、史志，以及小说、诗歌、绘画、摄影等，力求还原真相，但也需要第三只眼睛。

想起三首与个人苦难有关的诗。

第一首是苏轼的悼亡诗《江城子》：

十年生死两茫茫，不思量，自难忘。千里孤坟，无处话凄凉。纵使相逢应不识，尘满面，鬓如霜。

夜来幽梦忽还乡，小轩窗，正梳妆。相顾无言，惟有泪千行。料得年年肠断处，明月夜，短松冈。

陈师道曾用"有声当彻天，有泪当彻泉"评赞此词。读此词，似乎听到作者锥心裂肺的恸哭之声。写此诗时，苏轼在密州（今山东诸城）任知州，只有四十岁，中年丧妻，人生大不幸之一。十年后梦见亡妻，有生命的真感受，才有这样大悲痛、大感动的文字。

中国诗歌史中有许多悼亡诗，其中，元缜的"曾经沧海难为水，除却巫山不是云""惟将终夜长开眼，报答平生未展眉"流传千古，但写得最深情缠绵、最震撼人心的就是苏轼的这首《江城子》了，它把那种深刻的痛苦和至深的怀恋之情表达得淋漓尽致。过去教学生学习这首诗，每每读起来，就有飘泪的感觉，甚至要强压自己的内心，抑制自己尽可能在"以意逆志"的文学欣赏中不可陷入太深。

第二首是龚自珍的《金缕曲》：

我又南行矣。笑今年、鸾飘凤泊，情怀何似。纵使文章惊海内，纸上苍生而已。似春水、干卿何事。暮雨忽来鸿雁杳，莽关山、一派秋声里。催客去，去如水。华年心绪从头理，也何聊、看潮走马，广陵吴市。愿得黄金三百万，交尽美人名士。更结尽、燕邯侠子。来岁长安春事早，劝杏花、断莫相思死。木叶怨，罢论起。

写这首诗时，龚自珍二十出头，顺天乡试再次落败，而其新婚不久的妻子段美贞病殁，年仅二十二岁。数月间接连遇见人生两大挫折，龚自珍心中难免充满人生的苍凉之感，有无限的悲慨之情，于是写下这首感人的诗词。

第三首是上海的黄玉峰老师恸哭儿子黄光立的诗：

哭罢吾儿息尚匀，平心静气写佛经。

娑婆世界无穷苦，物理原来是世情。

黄老师晚年痛失爱子，悲痛欲绝，他在这首诗后写道："光立遽归道山，为人父母，悲痛欲绝，几不堪自持。眼前一切，无不触景生情，不信爱儿已经离去。"而光立离世时也只有三十五岁，事业有成。儿子生命的猝逝让黄老师备受打击，好在黄老师饱读诗书，能够利用诗歌进行生命的自救和精神的治疗，把苦难升华为艺术，这是用生命凝结成的诗歌，作者需要把自己体验过的生活通过文学作品，重新过一遍，这种生活的艺术化里面有深刻的大悲痛，因为人总要活下来，而活着一定会遭遇各种苦难、不幸、挫折或打击，没有谁可以幸免，就此而言，诗歌也是人生的一种救赎。

法国诗人缪塞说："最美的诗歌是最绝望的诗歌，有些不朽的诗篇是纯粹的眼泪。"人生从根本意义上说是绝望的，文学艺术不过是不幸人间的救赎道具而已，尤其是在一个没有宗教信仰、匮乏终极关怀的国家里。

也有人说：最刻骨铭心的苦难都不是可以言说的，可以用语言表述的都不是连心连肉的。我们看到的记述苦难与不幸的文字应该也是接受了悲痛现实、理性控制感情之后沉淀下来的文字，而最痛苦的心情是无法记述的，因为语言对于表达感情而言，实在是太有限了，所以才产生了其他艺术门类。

读书三题

读书是放大心灵半径

读书不仅可以学到各种知识，更重要的是充实了人的内心，让人不断发现真相、不断认识自己、反思自己、建设自己，与自己的命运讲和，努力寻找精神的家园。

我认为，生命有"向外"和"向内"两个方向。过于向外的生活容易使心灵饥饿，活在浮华世界的表面，而读书让一个人向内发展，生命有了稳固的根基，似乎有了一个更强大的自我，更加关心这个世界，并对它有一种责任担当，找到自己存在的意义。同时，读书也可以让你拨开层层迷雾抵达一个更加真切美好的世界，也让你看到潜藏在泡沫下面的社会秘密和人性秘密，对历史现实的"同情之理解"更容易达成。

我们平时过的都是平面的生活，而读书可以打造立体的生活，有超维的精神空间，在书里可以和古今中外的智慧生命对话，潜移默化受到影响。

我平生最喜旅行和读书。我认为，广义的读书应该包括旅行，在我看来，地球就是一本书，如果你一直守在一个地方，就好像你只打开了这本书的第一页而没有往下翻。

在我看来，旅行是放大身体半径，读书是放大心灵半径。身心的放大，实质上是一个人生命时空的放大，它让一个有限的生命在行走中不断和宇宙精神建立起某种联系，从而更有方向感。

在关于读书的各种观点中，有几段话对我有深刻影响。

一个是"新教育"发起人朱永新先生讲的，他说："一个人的精神发育史，就是他的阅读史；一个民族的精神境界，在很大程度上取决于全民的阅读水平；一个没有阅读的学校永远不可能有真正的教育；一个书香充盈的城市必定是一个美丽的城市。"

另一段话是著名作家梁晓声先生讲的，他说："读书的目的，不在于取得多大的成就。而在于，当你被生活打回原形，陷入泥潭备受挫折的时候，给你一种内在的力量，让你安静从容地面对。"

对于我来说，读书最大的好处就是让我不断思考自我的局限、认识到自我的卑微，同时认识到守护自我的重要。在我看来，一个没有自我的人，会出现两种状态：一是强烈的掌控欲望——通过对他者的控制来填充虚大的自我；二是强烈的依附情结——通过对强者的依附来支撑无力的自我。前者形成威权人格，后者形成奴隶人格。二者都不是正常的人格，和现代公民人格相去甚远。

但一个坚守自我的人又容易出现认识偏执、自以为义的问题，因为自我就是一个监狱，只有超越自我的封闭，不再自以为义，才能看到真理，看到光，看到爱。而这些只有在不断阅读的自我否定中才能逐渐达成由一元走向多元，由自我中心的"器用"思考走向换位思考和从至高者的视角来思考。

我认为，中国问题，制度是关键，人性是根基，而教育作为提升人性、改善人性的社会化活动，一定离不开读书。读书是大地通往天空的道路，也是我的教育信仰的构成部分。

读书可以让人重活一次

"书"有两种，形而下意义的书是有形的书、有字的书；形而上意义的书则是无形的书、无字的书。有字的书即指教材，也包括一切课外读物；无字的书则是社会现实、宇宙人生。曹雪芹的"世事洞明皆学问，人情练达即文章"，指的就是读好后一本书，明白了人情世故，也能得到真学问。

"教书"不仅仅是教学生读第一种书，更要教学生读第二种书。也就是说，不仅要教会学习的方法、考试做题的技巧，更要让学生有求知热情，主动去探索未知，由课内辐射到课外，让学生对大千世界有一种好奇心，并能真实勇敢地面对，否则还不能算真正意义上的教师。学生最终是社会的人，这也决定了教育是面向未来的，如何认识这个世界并快乐生活，成为合格公民，才是最根本的，这考验一个教师的教育智慧和教育良知。

读书也是间接了解社会的有效方式，因为社会太大，许多事不可能都亲自经验，这就要求教师关注人生世相，有"天下"意识。要觉悟到，自己的教育教学不仅仅是为学校、家庭培养一个大学生，更是为社会培养一个合格的公民。

有些教师可能会说，负担太重，没时间读书。这个理由实际上是不成立的，只要想读，就可以，早晨起来后，晚上临睡前，上完课后的空闲时间打开手机也可以阅读电子书，微信上更有许多好文章……现在有许多听书软件，比如喜马拉雅、懒人读书等，坐车或散步时都可以听，零碎时间都可以利用起来，问题是有无精神饥饿感，有无心灵需求。薛瑞萍老师说：恋爱的人总有时间拥抱。不是没时间读书，而是爱得不够。读书本来就是教师必有的一种生活方式，不需要"提倡"和"推动"的。谁见过"提倡吃饭"或"推动喝水"一类的口号标语？如果把教书仅仅当作一个饭碗，没有当作一种志业，那么读不读书也就无足轻重了。

当下一些"名师"其实并没读过多少书，会考试、会做人而已。不过人家读的是社会这本书，玩的是实用主义，追求的是世俗智慧，不是理性智慧。这是另一方面的事，观念问题很麻烦，人各有志，不能强求。

至于读什么书的问题，主要在于一个人的选择，和吃饭一样，各人的口味不一样，不能随便推荐书。个人认为，不可太专精，不妨杂一些，范围广一些，"有用"的专业书要读，"无用"的非专业书不妨也读一些，关键是有没有问题意识，对这个世界有没有好奇心，对自己有没有责任心。

有些不怎么读书的老师确实"成绩优秀"。当然，这个"成绩"只是分数，并不能完全代表"成绩"。当下教育评价的"见分不见人"本身就是反教育的，就如只关心体重不关心健康一样荒唐。一些"优秀教师"本身就是严苛的教师，他们信奉"严师出高徒"，认可"人上人"的观念，宣传"成王败寇"之类的病害价值观，影响生命健康，导致教育问题不断被传递。再说，威权体制对人的要求就是"听话""顺从"，可指望听话顺从的人有创造只能是梦想，况且，奴才与暴君往往是一体两面的，和现代人格相去甚远。

认为不读书照样"成绩优秀"的教师，无法与其谈什么教育理念；认为教育就是为考试升学服务的教师也无法认为就是合格的教师。

读书的最大好处就是可以重建自己的生命，让自己重活一次。

上天只给我们一个肉体生命，精神生命的重建则靠我们自己。就"命运"而言，命乃在天，运道在己。用马基雅维利的话说：命运之神只能掌控我们一半的生命，另一半则在我们自己手里。或者用萨特的话说：人不过是自己的造物。肉体生命如何，我们没有办法改变，而一个人的精神长相是自塑的。愚

111

蠢是自我养成的，同样，聪慧也是养成的。

我个人认为，爱读书的教师会更温和，对生命更有敬畏，因而更会以平等意识去对待孩子，面相也会显得更年轻，所以读书让人年轻美丽不是一句空话，而是实际证明了的，因为读书强大人的内心，让人精神更加自由，更有超越感，更容易走出当下的迷途。

文凭不代表读书的多少。陈丹青先生说："文凭是平庸的保证。"说通俗点，它只是一张饭票。实事求是地说，这些年，我们培养的人出现诸多怪异的现象，比如，有文凭没有文明，有知识没有见识，有情趣没有情怀，有信念没有信仰，追高薪却不会创新。甚至有学者痛斥：我们培养了太多有文凭的野蛮人。精神空虚，没有信仰，急功近利，工具理性高度发育，这已经成为中国发展的结构性短板。

我个人认为，教育问题从根本上讲，依然是读书问题，与学科无关，不是文科教师需要，理科教师就不需要。只要成为教育者，读书就是一种责任和宿命，也是一种本分，因为人是灵肉合一的，肉体要吃饭，精神也会有饥饿感；肉体要沐浴，精神同样需要。否则，只有利益冲动，人就生物化了。

总之，读书的好处很多，它让你接受多种思想，因为只有一种思想，人就不可能进步。中国几千年不进步，就是历朝历代追求一种思想，一种价值判断，走不出自我的封闭，就此而言，读书让你的生命实现有了更多可能性。

旅行是另一种阅读

地球是一本神奇的大书

人类所有的哲学首先是一种生命实践，其次才是一种理论，否则，人就会走向分裂。教育理论亦然。人民教育家陶行知先生之所以取名"行知"，其内在逻辑大致如此。

作为教师，仅仅会"教书"是远远不够的，还得学会阅读和思考，有自己的教育理念和教育价值观。而教育理念和教育价值观的形成有赖于各种"阅读"。

有两种阅读：狭义的阅读和广义的阅读。前者就是各种传统意义上的书；后者不仅包括有音乐、图像、文字的电影、电视，还应该包括自然山水、社会人生、人间百态……

地球就像一本神奇的大书，充满普遍的启示，也是人类的摇篮，如果你只待在一个地方而没有到过别处，如同你有一本大书却只翻开一页而没有阅读其他内容一样，所以我认为，教师在假期应该多出去走走，尤其是中小学教师，工作忙碌，局限较大，假期出游对提升个人的幸福指数和重建自己的"三观"有好处。

每年暑假，我很喜欢和志同道合的朋友一起出游，尤其喜欢自驾游，因其说走就走，说停就停，可以自作主张。

2018 年暑假，我去了梦想已久的西藏和神农架，到了令人震撼的小寨天坑和恩施大峡谷，也坐船再次游览了小三峡，还去了美丽绝伦的大九湖和陕西南康的正阳大草甸，收获良多。

2019 年暑假又壮游云贵高原、川西高原，与长江、金沙江、澜沧江、大渡河、嘉陵江、马岭河以及无数高山大川亲密接触，圆了香格里拉之梦，历时 21 天，行程数千公里……最大的收获就是对未来不再悲观，而是变得乐观起来，因为我发现，我们翻越的无数座大山和无数条河流，经过的路都是弯弯曲曲，有些就是十八盘，肠回九曲，直线距离说不定就是几公里，而我们开车要走几十公里，不断地回头、转弯，有时候你以为往前走了，其实是绕回去了，而绕着绕着就到了山顶，然后就会遇上无法用语言表述的人间大美。

我发现，没有一条河流是走直线的，总是弯弯曲曲，而这样的弯曲却走长了路，走出了风景，遇见了美。这，才是自然之道，而人类总喜欢走直路，总是那么急于达到目的，大抵因为人生太短暂了吧。其实，最近的路往往是最远的路——近代几百年的历史反复证明这一句话。

面对历史和现实，我过去常常比较悲观，但现在，通过亲自走云贵高原和青藏高原的无数弯路，我渐渐变得乐观起来。有时候，表面上的倒转使我们以为历史或现实走了回头路，也让我们每个人产生巨大的悲观情绪。事实上，历史还是往前走的，倒转只是一种表面现象，最终还是要到山顶、走向自己的目的地的，或者如河流，不管如何弯曲，都要走向汪洋大海。历史的潮流，谁也挡不住。不管多么显赫的人物——自以为义的英雄豪杰还是指鹿为马的帝王将相——其实都左右不了历史的走向，只是为历史河流平添了几块改道的顽石而已，历史有自己的方向，那就是潜藏在每一个人内心深处的，对真理和自由的向往。

通过旅游，"大历史"的观念从书本真正回到了心中，我也把当下作为一个历史的过渡，能够用超越的眼光来看当下，也来看自己的生命。老子讲："人法地，地法天，天法道，道法自然。"自然之道才具有某种启示性的意义。古人说，读万卷书，还要行万里路。

我想：趁现在还跑得动，有时间，抓紧走走；人生是无法存储的，很快就过去了。生命也是不能等的，因为过一天少一天，最终有个结点，这是常识。西方人说，人是被判了死刑的囚徒。里面有大道理，所以人要数算自己的日子，珍惜自己的时间，热爱自己的生命，也要热爱自己的生活。

事实上，对教师来说，假期的旅游也是另一种阅读，里面有大追问、大哲学，因为你不知道世界从哪里来，你也不知道自己向何处去，世界和人自身都是一个奇迹，一个大谜。

要重新思考"及时行乐"

中国传统价值观很怕普通人提倡"及时行乐"，其实，中国传统上层社会的价值观一直都是及时行乐的。

仔细想想，行乐也不仅仅是物质的、身体的，也可以是精神的、灵魂的。

为什么要"及时"？

因为生命的时时刻刻是无法重复的，每一个人从出生都是大踏步地向死亡迈进。所以，及时行乐才是自然的人生观、智慧的人生观。周作人、林语堂当年都鼓励自己的孩子要学会"及时行乐"。李白、苏轼、柳永、唐寅等都是及时行乐的典范，因为艺术创造本身就有一种精神的快乐在里面，灵感的爆发也带来人类精神的高峰体验。当代许多学者走遍世界，但并不妨碍他们的精神创造，比如肖川先生经常出游，几乎走遍世界却能天天写"肖川评论"，凌宗伟、李镇西、王开东、张丽均等教师写手，再忙也不忘写作，我的朋友高均善先生几乎"日更一文"，他说自己对写作"有瘾"，只有写，才会让自己高兴，这样的及时行乐就应该大力提倡。

我认为，中小学教师暑假不妨少读一些书，多去大自然中走走，这比读几本书要好得多。其实，从广义阅读来说，自然就是一本大书，它有无量的语言、无量的智慧、无量的启示和无量的美……生命本身就是从中间孕育的。

大自然的语言是一种"启示语言"，给人带来无限的遐想，周国平等哲人就主张要向自然学习。

再说，开学后，全国中小学教师又进入紧张忙碌的"两点一线"的生活中，许多学校的教师们还要打卡坐班，时间基本都是碎片化的，暑假的时间再不利用起来到处走走就真的太可悲了。

世界那么大，你得去看看

有人一放假就给教师开书单，不知道背书单或晒书单的人自己读过那些书没有。

我认为，书，是什么时候都可以阅读的，随时可以拿起或放下，但旅游却不是你什么时候都可以说走就走的，有些机会失去后就没有了。

世界那么大，你得去看看。看人间百态，体验别样的人生，思考宇宙人生。同时，在和朋友的互动中加强了解，加深情感的交流。

读书、旅游都是做大身心格局。教师首先是做大自己的格局，才有可能拓宽学生的视野。要让三尺讲台突破重围，教师自己首先要突围出来，救出自己。要有一个观念：做大自己，就是做大教育。要努力对抗自己工具化的命运，努力逃离，努力超越，让生命变得好玩一点，有趣一点。毕竟，成功不是人生标配，幸福才是，而幸福又是难以标准化的，对幸福的感受也是千差万别的，不可简单量化的。

自然是个大课堂

每个人都得面对三大课堂：大自然、医院、殡仪馆。教师也一样，要引导学生学会面对这三大课堂。

在大自然中，你才会感悟到人生的短暂与个体的渺小；在医院里，你才会体验到人世的苦难与生命的脆弱；在殡仪馆里，你才会思考，活一场，原来都是过程，最后青烟一股，两手空空，什么也带不走。所谓"功名利禄"都是人世观念对你的奴役和欺骗，虽然那么多人心甘情愿，总归是不能放下而已，其实人生没有什么是不能放下的。

中国古老的文化观念充满了乡土社会的实用和功利，冒着呛人的气息。你看，一代过去，一代又来，这个世界的核心价值却没有多少变化。主人换了，旧椅子还在。

其实，文明竞争不仅仅是利益竞争，根本上是观念竞争。陈浩武先生认为，人类的文明不仅仅是 GDP 的增长，同时还包括人的自由和尊严、法制和公平正义、人民的财产权和生命权的保护以及宗教信仰的自由。现代文明是一个整体现象，不能仅仅理解成几栋高楼大厦、多少公里长的高铁和高速公路，人类的文明首先是一种文明的状态，是人的尊严和人的自由。

教师也要选择自己的"活法"

钱理群先生建议教师"边打边玩"。我想，和谁打呢？和那些活在阴暗中的灵魂吗？和雾霾吗？和幽灵吗？和无所不在的空气吗？和无物之阵吗？

古诗里说：世路如今已惯，此心到处悠然。悠然，也是一种生命的状态——"悄立市桥人不识，一星如月看多时""任他一夜黄尘紧，我自明月抱素琴"都是一种生命的悠然。虽然生命最终是一场悲剧，但活着就是胜利。

但活着的尴尬在于，你不得不和英雄、烈士、小丑走在同一条路上。既然人类是不可改变的，你也别太迷信教育的力量，沐浴清风明月，感恩自然的美好、神秘与伟大，与那个大生命、大自在抱成一团难道不好吗？

人生不是赛场，更不是战场，没必要再在互相竞争中获得存在感，重要的是要学会去爱。如果没有学会爱，学再多的知识也没有用。

事实上，没有化解不了的恨，只有来不及的爱。

活着，需要选择。在一个凉薄的世界可以选择深情地活、真实地活、自由地活……也可以选择苟且地活、虚伪地活、窝囊地活……怎么活，都在于自己的选择，而每一种活法都有代价。

我认为，社会再不堪，教育再令人失望，作为教师，还是可以把自己的生活安排得恰当一些，如鲁迅所说：快乐地度日，合理地做人。不为生命忧虑——生命在至高者手里；不为历史牵挂——历史是永恒者的故事，而我们都是多么有限与卑微，甚至山中的一棵树、河边的一粒沙都比我们活得长久。

生命虽然卑微，但却有无限的可能，意义也都是自己添加上去的。为谁而活？活着到底为了什么？也是需要拷问的，因为人是有思想和自由意志的，而没有追问和省察的人生是不值得过的。

就此而言，中小学教师的旅游本身就是自我教育的一部分。

辑三｜批判与反思

我为什么不赞成对教师的"精细化管理"？

和许多老师聊天，发现各个学校的管理大多雷同，一如各个学校的教育教学面孔，没有多少个性特点，都是同质化发育，这与管理部门对教育的评价和要求以及社会、家庭对教育教学的需求如出一辙。

现在许多学校对教师越来越强调"精细化管理"，有些叫"痕迹管理"，就是对教师的一切教育教学行为都要纳入管理范畴，各种事情都要让管理者看到，希望构建一个自上而下的精致的管理体系。

许多学校的摄像头也越来越多，便于管理者的监控，代之而起的是"摄像头思维"的高度发育——层层把关，处处设防，无缝管理，不留死角。

比如上下班打卡，现在技术提升了，采用指纹或面孔识别技术。至于每一个教师的不同情况和不同需要，是不是考虑了？还有，许多学校的坐班条件是不是足够好？几十个人同处一室，难免相互影响，导致备课、改作业或读书思考的效率低下。

而且，打卡是逼老师按时下班，否则就按早退处理，要求写出书面说明，领导批字。表面上好像很关心老师，其实是防止老师早退。许多老师（尤其是班主任）到了下班时间，当天的工作还没做完，或者第二天的课还没备好，只好回去加班。这样无形之中延长了教师的工作时间，增加了教师的工作量。

事实上，老师的许多有效时间被人为耗费掉了。许多老师在下午下班打卡后又回办公室加班，我们在为这些老师的敬业精神感动的同时，又为这种僵硬的精细化管理制度感到难过。

本来，管理是为人服务的，结果，这样的管理有点"谋害"的感觉，这种把复杂问题简单化的思维，暴露出管理思维的简陋粗糙，它可能对管理者有利，不见得对教师和教学有利。因为任何管理都是"双刃剑"，在对一方有利的同时，可能会伤害另一方。需要反思的是，一种管理制度对少数人有利还是对多数人有利？是弊大于利还是利大于弊？如果只对少数人或个别人有利，却会损害大多数人的利益，它就是失败的制度。一如白岩松所说，一个单位如果开始打卡，它的质量下滑毫无疑义。

比如出校门请假，要领导签字，这不是把老师当成幼儿园小朋友？教师的尊严在哪里？这种设计本身就是幼儿园阿姨的思维，把大人当小孩管。

比如每学期的几次教案检查，作业检查，开学初的学期工作计划检查，学期末的工作总结检查，成绩册检查，年度述职报告检查。其实，要应付这些检查也很容易，造假术在中国各个地方早已经是一种产业，从幼儿园到大学，应付检查其实早已经制度化、常规化了。问题是，如果逼迫教师成天应对这些制度化的检查，教师内心对教育的热情和良心的内审如何达成？因为一个优秀的教师经常会在良心法则和现实法则之间做出抉择，会有一种逃离的感觉，但良心法则其实很容易让步，那是现实逼迫的结果。

为何体制内的优秀教师越来越少？管理制度需要好好反思。

比如集体备课要登记备课内容，人人签字，有些学校甚至要求必须备够一个小时，备课室里面有摄像头监控。这种集体化"一刀切"思维本身就是一种"未成年思维"。

教育教学面对的是一个个不同的学生，教师本身也是由不同的个体构成，况且各班的具体情况也不一样，你用统一化的学案或方式方法行得通吗？任何教师之间都是无法复制的，一个人的成功可能是另一个人的坟墓。集体备课的最大好处是可以鼓励教师之间在业务上相互学习，共同提高，但强硬的统一要求就很可笑。更可笑的是，教师竟然会执行这些行政化的统一要求，放弃了自己的理性。

比如期中有作业检查和第二次教案检查，家访和学生谈心也要拍照留下"痕迹"。哎妈呀，按这个逻辑，教师上厕所、上床有人都想监控。大致只有相信"人性恶"而无权力边界的法家之徒才会想出这样的馊主意吧。其实，人性不全善也不全恶，人性如水，关键是外界环境。好制度抑恶扬善，坏制度抑善扬恶。但在教育上，必须假定"人性善"，不然，国家只设法庭和监狱就行了，要学校干什么？

比如提倡教师读书，但必须写多少万字的读书笔记。读书是一种个人化私密化的东西，读书写作其实都是教师的本分，提倡没错，但强硬的要求就容易引发读书的紧张感，导致读书似乎不是为了自身的成长，而是为了外界的检查，使教师的读书不是真实的阅读，而是虚假的应付。

比如大考完后的详细多元的成绩分析，优秀率、平均分、及格率……其实，"分析"得再细致也分析不出教师每天是怎么过的，读过什么书，思考过什么问题，做过多少学生工作，写过什么教育反思，他们的内心是怎么想的。仅仅看到一个分数会掩盖许多问题。

比如有些学校的精细化管理提倡"学生苦读、教师苦教、领导苦抓、家长苦育"的"四苦精神"，这种吃苦耐劳的傻干精神实在有把教育乐园变成吃苦集中营的味道。诚如吴非老师讲的，一所学校的不幸在于，一帮愚蠢的教师在兢兢业业。而这种愚蠢如果是管理压制出来的，那就是制度性愚蠢。

还有许许多多的"精细化管理"措施，恕不一一列举分析。

说这些，并不是要完全否定"检查"或"管理"，而是希望管理者思考几个问题：教育是不是需要良心？教师有没有尊严？制度的设计是不是经过了每一个教师的同意？如果你不相信自己的教师，当初你为什么要用他们？放眼自然，看看那些参天大树，它们是修剪大的，还是自由长大的？

当然，人，是有惰性的，也不见得每个教师都会那么自觉遵守学校的规章制度，甚至你可以说，良心不值钱，良心靠不住，所以需要约束机制。这已经不是儒家的"人性善"观点，而是法家的"人性恶"的那一套，不相信任何人，所以才需要高举皮鞭。但教育是培养人的，只有人才能培养人。爱，可以复制传递，恨，其实也是可以复制传递的。

常识告诉我们，人都是有自由意志的，对自由意志的限制其实是对生命的限制，容易导致一个可以负责任的生命放弃自己的责任而屈从于外界的压制。

其实，再好的制度也是有缺陷的，何况没有经过被管理者同意的单方面的"王法"，一定管不住一个人的内心，因为真正的生命在里面，不是外面的那个皮囊，你限制了人家的肉体，里面的自由精神你是限制不住的。

说穿了，学校不仅仅是一个物理空间，也是一个文化空间、心理空间，在这个空间里过得好不好，教师们最有发言权。如果教师的尊严被剥夺，按照"狗理论"的传递原理，教师容易从学生身上修补和寻找丧失的尊严，这就容易让教育生活变得不是那么美好，导致生存的紧张和内心的焦虑。

精细化管理可以对应器物，而不可对应人，因为人的情况太复杂了，人的非制度化抵抗也有相当大的能量，最终会伤害共同体的事业。

事实上，给教师自由空间，也是给学生成长空间。生命成长不是"计划"出来的，学校的和谐也不是"精细管理"出来的。它需要一种生命的觉醒，一种文化的觉醒。

人，不是一堆肉，而是一个精神自由体。精神有三个层次：情感、理性、良知。显然，精细化管理既没有情感，也非理性，更不承认人的良知，是把人不当人的一种冷冰冰的管理。这种管理就是非人化的机器统治，而不是教育管理。

从哲学上讲，对人的管理越是精细化，对应的世界往往越是混乱，整齐划一只是表面的假象。就像专制社会，表面很和谐、很平静、很团结，其实骨子里脆弱不堪，死水一潭，社会的内在矛盾很尖锐，而民主自由的社会表面上不断有人上街，好像很乱，其实内在很稳定。动态稳定和死水一潭的静态稳定不在一个层面上。这是一个悖论，不以人的意志为转移。宇宙充满了悖论，理性有限的人类往往难以觉知。老子发现了这种悖论，但被自以为掌握真理的后儒们的光辉掩盖了，奉行法家理论的强人们更是越来越自负颟顸，自以为义，远离大道，于是闹出很多的人间悲剧。

当然，管理者一般都很聪明，但聪明不等于智慧。智慧是内在的觉醒，是自我的清明。一些人自以为聪明，而上帝让这些聪明人中了自己的诡计，落入自设的圈套。他们想限制别人，结果限制了自己。其实世间的力都是相互的，万事都互相效力，何况人与人之间。

世界的本质是混沌的，真实的世界往往存在于不确定之中，处于变化之中，测不准原理对世间的管理应该有所启示，一切都在变化之中，一切都是难以量化的，你要对人进行"量化"和"细化"，不小心就会落入科学主义、技术主义的网罗。

其实，比精细化管理更重要的是学校的文化。文化是人的行为，是自然形成的东西，往往体现为人与人之间的关系，服务的细心程度，工作的敬业程度。精细化管理的要义在于精细化的服务，把对学生和老师的服务做到家。

好的文化是人的一种道德自觉，不是强制和管理出来的。过分强调管理是把学校的每一个人都当成了未成年人。而教育源于自由，道德更是人的自由选择，不是打压管理的结果，表面的"从"不等于内在的"服"，假装服从其实很容易。

当权者运用权力太顺手的时候，容易忽视自由的价值，只强调"计划秩序"，忘了共同体的"自发秩序"和"衍生秩序"带来的美好价值恰恰不是"计划秩序"可以成全的。

所以，如何在"管理"和"自由"之间达成和解，形成一种美好和谐的校园文化，让每个教师不那么紧张焦虑，又不那么放任自流，应该是学校面对的文化挑战和管理挑战。

我所期望的是，管理和人性之间能够实现良性互动，而不是恶性循环，导致"你压制我，我忽悠你"的糟糕局面。在这个层面上讲，我是不赞成对教师的"精细化管理"的。

重新寻找教师的尊严

近些年来，教师的负面新闻不断上升，从体罚学生到猥亵幼儿，从乱收费到乱补课，从学术造假到收受礼金……虽然在1600多万的教师群体里面，这些事情只是小概率事件，但在一个二元思维和株连思维颇具历史传承的国度，却具有很大杀伤力，它足以伤害到整个教师群体的尊严。在这样的情况下，谈如何重新寻找教师的尊严？我觉得是一个沉重的话题。

首先，是观念市场的价值选择。我们要问：有多少教师是从小就有当教师的理想，志愿成为教师，成为文化道统的传承者？如果不是自愿的选择，而是在生存问题没法解决的前提下，等而下之成了一名教师，在目前这种应试教育体制下，往往会被同化，教师职业对他们来说不过就是一个饭碗，而在学校里，分数就是硬道理，可当一个教师把分数当作自己唯一的尊严砝码，既没有对生命的敬畏，也没有对自身生命意义的寻找，那么，这样的尊严有多少含金量？

为什么许多学生在选择职业的时候不愿意当教师？

130

按照卡西尔的观点，人是符号动物，身份符号是人的社会标签，如果一个社会，依然活在"劳心者治人，劳力者治于人"的阴影里，人们只对权力起敬而不是对每个人分享同等的尊重，指望教师职业能够获得真正的尊严似乎有些强人所难。加上教师讨薪维权被抓或行使管理权被打这些新闻带来的负面影响，那些优秀人才早被吓跑了。我认为，价值观危机是中国教育的根本危机，要从各个层面改造我们的价值观，必须从改革制度做起。

为什么现在的教师大都不敢越雷池半步？我想，除了空间逼仄，很重要的就是教师待遇偏低，教师作为知识使者和文化使者的地位没有获得充分尊重。1949年后，运动一个接一个，前30年的多次运动让教师在政治权力面前颜面尽失；后30年的市场经济又使知识分子在市场消费面前威信扫地。这种对知识人格的双重羞辱导致整个社会在职业选择方面首先考虑的是文化身份与经济地位，加上教师本身就是一个不风光的职业，如果再加上待遇偏低，优秀人才自然会敬而远之。按照托夫勒的观点，知识权力是大于经济权力和政治权力的，但因为传统价值观的影响，加上国人缺乏科学启蒙，社会又是权钱崇拜，虽然嘴上喊"知识就是力量"，但理念世界和经验世界的分裂并不能使我们一厢情愿就能解决问题。

其次，教育的行政化是危害教师尊严的利器。本来，行政应该是教育化的行政，可现在基本是教育为行政打工，学校像一个衙门，导致教师在行政权力面前毫无尊严，比如例行检查、推门听课、随意加班、乱占假期、克扣工资等，有些学校上下班打卡，出门要写假条，用成绩给教师排队，用高考题培养和选拔教师，不尊重教师的专业自主权。在这样的管理制度下，教师哪里有工作的主动性？生存都是问题，谈尊严是不是太奢侈？

当然，最重要的是，教师自己要争气。我认为，师道尊严的不存，除了外在的因素，还有一个内在的因素，就是教师的教育思想的丧失。按照帕斯卡的观点，思想构成一个人全部的尊严。如果教师没有自己的教育思想，也就丧失了自己的价值根基，不知道为何而教，由迷失方向的教师形成的教育队伍，被动地完成行政交付的教育教学任务，没有多少自主权，如何能够获得社会的认可？客观地讲，有一些教师只是具备专业知识，而缺乏专业素质和专业精神，有知识没见识，有情趣没情怀，有信念没信仰，生命格局很小，没有把教师职业当作自己的追求和生命需要，只是充当学校工具，做应试教育的操盘手，在教育观念上比较保守和落后，缺乏教育智慧和长远眼光，没有从生命本身和社会发展乃至人类文明的高度思考教育问题，没有把"人"作为关注核心，功利化严重，一些做法简单粗糙，不近人情，也往往很难赢得学生的尊重。

最后，要重拾教师的尊严，我认为，必须取消教师的等级制。只要教师没有犯什么错误，达到了一定的年限，考核合格，工资就可以正常晋升，不要设指标让教师去争抢互斗，不要设那么多条条框框，让一个个教师钻套子，其实许多人才都不在套子里，人才都是不拘一格的，优秀教师也不是标准化的，比如论文发表，有些教师在评职称前就花钱买版面发表文章，这为一些"核心"期刊进行权力寻租提供了温床，加剧了学术腐败。

为什么社会对学校通过行政权力或论文发表评出的职称不认可？说明我们的教师等级制就很有问题。其实，一个教师好不好，学生最有发言权，同行和同事最有发言权，但在职称评定中，学生是没有发言权的，普通的同行和同事也往往没有发言权，剩下的只是权力和关系。这样评出的职称就是一种双重的羞辱。也才会出现"专家"越来越多而教育却越来越让社会焦虑和失望的情况。

综上所述，重拾教师尊严问题，除了教师自身要功夫过硬之外，最根本的就是要增加教育投入，提高教师待遇，取消不靠谱的等级化认证，吸引真正优秀的人才，同时去行政化，还教师以教育的自由。

转型社会呼唤思维开放的新型教师

    历史像长江三峡，九曲十八弯，乡土中国的转型何其艰难！我们走了多少弯路，付出了多少代价，而这一切，就是如何把一个落后的乡土社会，建成一个现代化的文明城邦。

    我们曾经期望于明君，期望于贤臣，期望于侠客，而最后都成为武侠小说和武侠电影的传奇幻梦；我们曾经寄望于坚船利炮，师夷长技以制夷；我们曾寄望于制度改良，用宪政民主的良药拯救国家；我们也曾用激进的办法进行过制度重设⋯⋯100 多年过去了，中国依然是乡土的中国，虽然我们有伟大的经济奇迹，但经济奇迹并不能说明现代化，并不完全代表共同体的尊严。人，也只有人，才是现代化的根本目标，一个国家要有大量存在的具备现代思维和现代精神的人，才能称得上是一个现代化的国家，而这一切，在一个哲学传统和宗教传统薄弱的国家，只能依靠教育。

    中国的教育制度一直走的是科举的路子，几千年几乎没有什么变化，中间断断续续有一些其他的干扰，但总的方向没有改观，因为中国的教育只是一个附属品，它依托的是中国的政治体制，是为政治服务的，教育的培养目标必须符合政治要求。在这种大一统的目标要求之下，中国教育史上，为统治者甘效犬马之劳的工具型人才比比皆是；而创造性人才凤毛麟角，从而使这个国家的文化创新力和文化竞争力一直比较低迷。

一个国家的落后主要指的是政治制度，教育则是制度的重要一环、基础一环。张之洞说过，一个国家的兴衰"其表在政，其里在学"，根子上是学人出了问题，一个社会的知识分子有问题，政治一定有问题，因为知识分子是政治体制这个机器上的螺丝钉，这个群体会影响政府的政治策略和方针。

当然，政治也会影响知识分子群体的生存。不管政治和知识分子谁影响谁，最后都要落实到具体的个人和群体身上。也就是说，不管政治还是文化教育，最终都要落实到人身上，一切努力最终是要造就出优秀的公民。因为国与国之间的竞争表面上看是科技、军事等外在实力的竞争，其实是国家之间文化教育的竞争，因为文化教育造就优秀的公民，而优秀的公民可以作用于本国的政治制度和各项事业，使其朝更好的方向发展。

"中国制造"的廉价和我们附加在产品上的创造力价值有很大关系。我们知道，物质文明是一种文明的外化形式，任何物质都彰显着文化和精神，因为这种物化的东西来自于人的创造，如果人的文明素质不高，创造力低下，产品自然廉价。

100 多年的艰辛努力，中国依然在转型之路上，转型社会需要转型教育，转型教育需要思维开放的转型教师，转型教师就是新型教师，这是我们目前最稀缺也是最需要的教育资源。

首先，新型教师要成为有现代思维的"新民"。

在长期的传统教育浸淫下，我们培养的学生普遍思维僵化，逻辑简单，精神脆弱，兼有依附性人格（或奴隶人格）和独裁性人格（或威权人格），缺少多元和包容的空间，对世界文明和人类缺少关注，对人际关系趋之若鹜，精于算计，左右逢源，八面玲珑，就是成功了也容易成为"精致的利己主义者"（钱理群语）。这个不用举例子，只要教师们看看周围，一些教师对上和对学生的态度就不难做出判断。新型的教师要努力告别"旧我"，成为具备现代文明常识的公民，热爱生命，热爱生活，平等待人，不要以"势"交朋友；平等对待学生，不要以分数或家长的权势及关系把学生分成三六九等，对权力要不卑不亢，守护自己的人格尊严，不违背良知做事，听从内心的声音。

其次，新型教师要毫不动摇地把"立人"作为教育者坚守的目标。

因为一个国家的品质，不在于国库的富有，也不在于公共设施的华丽，而在于公民本身。公民是一个国家最大的财富，也是一个国家自立于世界文明之林的逻辑起点。要造就优秀的公民，自然离不开教育，家庭教育、学校教育和社会教育都是教育的组成部分。从逻辑上讲，公民有尊严，国家就有尊严。

每个人就是一个国家，个人怎样，国家就怎样；没有独立的人，就没有独立的国家。

要使每一个学生成为独立的"人"，教师就不能"跪着教书"，要有高屋建瓴的批判意识，守护学生的人格尊严，甚至大胆超越教科书，因为新课程是让教师"用教材教"而不是"教教材"，教育不是为了把人钉死在课本上，而是为了走出教材，让学生在教室里仰望星空，看到更大的精神空间，有更强大的自我。

第三，新型教师必须是一个热爱读书的人。

教育家朱永新说过："一个没有阅读的学校永远不可能有真正的教育。"同样，一个不喜欢读书，只是混日子的教师不可能教育好学生，也不可能成为真正意义上的好教师。

读书不仅是信息的输入，更重要的是，一些信息可以内化为读者的精神资源，成为精神动力，增长知识，养育人格，陶冶情操，使教师在教学中做到独立思考，独立判断，游刃有余。而且读书可以让教师不断发现真相，打造出自己的超维空间，构建起自己独立的价值体系，对抗现实的异己力量，让自己更"安心"，更有幸福感。可以说，教育学生的问题，其实是教师自我教育的问题，而读书是教师自我提升的必由之路。

第四，新型教师要有人文关怀和系统思维。

常见一些教师知识结构比较单一，除了自己的专业之外无所关心，精神空间和思维空间比较狭窄。

一个新型的教师要努力突破专业限制，旁及自己关注的知识，有人类文明的视野，有开阔的胸怀，不仅要有常识，更要有通识；不能只满足于做学科专家，要努力做真正的教师；不仅要教会学生学习，更要教会学生做人，关注学生的心灵和长远发展；要努力从一个大系统中寻找自己所教学科的意义价值，努力让自己所教学科和社会人生发生对接，保持教育教学的生机和活力。同时也要搞好和其他学科的协调，不要压榨学生的时间和生命，让学生能够快乐学习，健康成长。

总之，新型教师是相对于传统教师而言的。这个"新"主要是思想理念的"新"，有现代意识，明白教育想干什么，自己教的这一门课想干什么，不是糊里糊涂搞教育，而是有明确的目的，有教育信仰，恪守教育良知，有独立的思考力和行动力，又有合作精神，并能够长期坚持。

这样的教师越多，基础教育就越有希望，自下而上的教育改革才可能真正成为社会转型的发动机。

滞后的死亡教育

据《武汉晚报》报道，华中科技大学文华学院外语学部刘丽老师给新入学的大学生布置了一项作业，让学生自己给自己写遗嘱，结果引发很大争议。有人觉得新颖，也有人表示不太理解，觉得死亡话题太沉重，大学生才二十岁左右，应该是朝气蓬勃的时候，不应该思考这个丧气的话题……不管怎么样，看到《武汉晚报》上的这则新闻，我还是很为刘丽老师叫好，觉得大学有这样负责任的老师，还是让人感到欣慰，因为她是在用心做教育，不仅关注学生的生活，更关注的是生命本身。

刘丽老师这样做的初衷是因为发现大学新生较为迷茫，对自己的大学生活及未来人生缺乏规划，便给学生布置了这样一份特殊的作业，让学生借此深刻反思自己，规划未来。

刘老师发现的问题恰恰是中国教育的一个大问题，就是对生命缺少终极关怀，只把生命当作工具，这也是基础教育的后遗症，即生命教育和死亡教育滞后。

其实死亡教育从某种程度上讲也是生命教育，生死一体，生中自然就有死，肉体死亡不是一次完成的，而是逐渐完成的，每个人都一样。

一个人精神上的死亡才是真正可怕的，它往往标志着世间又多了一具行尸走肉。当然，我这里说的精神死亡是一种精神上的绝望。

教育不是催眠，要让学生醒过来，成为自己。

当下，一些学生后来通过自己学习思考，刮骨疗毒，醒过来了，但已经过了大半人生，有些甚至终生都是不知不觉。因为在应试教育的大背景下，分数是学校的宗教，升学率是学校的核心利益，由工具理性统治的校园，往往会淡忘教育的真正价值，就是让人成为人。没有"人"的教育，就不可能有"人"的社会。

从基础教育的目标来看，虽然我们许多学校把教育方针挂在墙上，其实只不过是为应付检查，实际并不当回事，骨子里还是应试教育那一套。有些学校倡导应试教育，只不过是因为生源太差，无法和其他学校竞争，打出的漂亮旗号而已，甚至不排除也有迷惑其他学校为自己争取发言权的目的。

我们许多小学的教育目标就是考个好中学，中学的目标就是考个好大学，许多学校在教育中把大学目标作为学生的理想和终极目标，平时基本用训练代替了教育。所谓"学习"几乎就是学习解题技术，教育成了用考试和分数压迫成长、压榨生命的手段，许多家庭也是自愿充当学校的帮凶，只关注学生的成绩，不关注孩子的精神，导致学生身体发育超前，精神发育滞后，许多孩子长大了，但长大的只是肉体，心灵非常脆弱。

这些年，自杀学生的不断增多就是学校生命教育缺失的直接反映。许多中学在日常教育中，对考入大学这个短期目标不断强化，而淡忘了人生目标、生命目标，没有对学生的长远关怀，何谈终极关怀？等学生考上大学之后，无数学生发现这个"理想"已经实现了，生命还有什么期许呢？于是出现价值真空，一下子迷失了目标，生命不知道往哪里去。于是就出现了刘丽老师发现的情况，就是学生整体的迷茫，在大学里虚度生命。

当然，中国教育植根于中国的文化。由于中国文化缺乏对彼岸的追问，重当下，求实用，"活下去"几乎就是中国人的宗教。

由于缺少信仰的滋润，加上科学意识的落后，求知精神的缺乏，中国文化长期处于营养不良的状态，人们大都关注肉体享乐，而不关注精神成长。活在现世，活在当下，关注的是"怎么活"，很少追问"为什么活"或者"怎么死"的问题，缺少西方人"向死而生"的勇气。其实没有对死亡的追问，也就不会有生命意识的清明，就像苏格拉底讲的"没有省察的生活不值得过"。

孔子说的"未知生，焉知死"其实应该倒过来理解："未知死，焉知生。"这样的思考才能给人一种警示，让人活得明白，让每一个生命个体不断寻求自己的意义。因为生死是不分的，按每个人平均活 80 岁计算，一生也不到 3 万天，活一天就少一天，要让生命有意义，就得让每一天有意义，同时意味着把自己周围的世界看成是有意义的。

记得净空法师讲佛法说，生命是不死的，这一点和基督教讲的生命最终要回到"天家"是一个道理。每个人都是天地造合之物，地球，只是人类的驿站，生命最终需要上升到一个高度，无限地上升，最后就是回归于天，回归于道，回归到宇宙这个母体中去的，由此而言，宇宙才是人类真正的家园。

按照霍金的见解，宇宙有 12 个维度，而人类只能活在有限的 4 维空间里，作为有限的时空存在物，人类怎么知道宇宙真理呢？宇宙存在了多少年？人类才存在了多少年？说"夏虫不可与言冰"完全适合人类。尤其是中国人，作为一种二维民族，基本沉浸在一个平面世界，缺少对立体世界的关注与思考，而我们的教育方针也是培养劳动者和接班人，强化了对单向度人和平面人的培养。

新课程理念也从根本上缺少终极关怀，加上与应试教育的价值分裂，新课程的理想设计不仅没有改变应试教育的"唯实"狂热，反而更加狂热，不仅加大了学生的负担，也加大了教师的负担。

学校里面见到的"好学生"多为刷题狂，成绩高，眼睛度数高，眼盲心也盲。到了大学，丧失追求，除了应付功课，一些学生就是逐渐成人化、粗鄙化。一些自杀者就是当年中学的成绩优秀者，因为愈是争强好胜，愈是受伤害严重，而怎么过完这一生，规划这一生，理性、健康、自由、快乐地生活，则不在考虑之列。既没有文化的觉醒，也缺少生命意识的清明，淡忘了一个法则：每个人都是生命大链条的一环，对自己负责也是对他人的道德。

当然，无灵魂的人是无灵魂的教育的"产品"，而失魂落魄的教育也和中国文化难以分开。就是中国文化只关注"生"，不关注"死"，学而优则仕的功利教育使"升官发财"成为这种教育的价值追求，把人变成了手段，变成了工具，没有变成目的。这种工具化的人是不会关注终极问题的，没有社会理想，只有功利冲动。死亡似乎是他人的事情，和自己无关。据统计，中国古文中有关"死亡"的代替词语就有50多个，如"天子死曰崩，诸侯死曰薨，大夫死曰卒，士曰不禄，庶人曰死"，还有诸如"忧""山陵崩""百年后"等讳饰修辞，就是不直接触碰"死"这个词，而是用其他词语代替。由此带来的就是，太多的国人只关注"此生"，而不会去思考"来生"和"彼岸"，于是，吃喝享乐、逢场作戏、得过且过、丧失自我、缺失责任心……就成为许多国人的普遍选择。甚至有人说，中华民族是唯一对死亡没有做好准备的民族，这和宗教精神的缺失有关。

我们都希望有个好社会，但好社会一定是大家都尽心的责任社会。人人都自私自利的社会一定是没有前途的，教育不能只让人对自己负责，还要让人对社会负责，对共同体负责。

胡适早就说过中国人的两大病症：一是目的热，二是方法盲。好社会的实现应该用好方法，而好的方法一定是优秀的人设计出来的，因为人是文化产品。

我们的文化和教育过多关注了肉体目标，很少关注精神目标。其实，人的一生，首先是"安身"，最终是"安心"。"安身"是第一阶段的目标，因为人拖着一个肉体要吃要穿要生活，但作为人不能将生命目标仅仅局限于这个方面，否则，和其他低等生物没有什么区别。人之所以为人，一定有超出生物需要的意义追求，那就是寻求生命价值的实现，有形而上的目标，有对超越价值的仰望，思考人生的终极问题，如"我是谁""从哪里来""到哪里去"等，努力和至高者建立起某种神秘关系，进而寻求心灵的安顿和精神的自由。因为面包并不是人生的全部，活着还要找自由，找家园。

大学生的迷茫主要是因为找不到意义，找不到方向，要让他们回到生命本身，就需要一次生命意识的提醒，需要灵魂的震撼，所以，刘丽老师布置的写遗嘱作业应该是一次积极的尝试。

从现实层面讲，遗嘱也是让学生想象几十年以后生命的最后一站，自己对自己有什么预期，别人会怎么看待自己，用未来思考现在，体现了教育者的超越追求和人文追求，让学生思考人生意义。就此而言，我为刘丽老师叫好。

衡水中学的文化是一种什么文化

河北的衡水中学这些年非常出名，在一些人眼里也似乎非常"成功"，不过，成功者往往都是黑白片，衡水中学也一样，但都是外界在吵吵嚷嚷，几乎听不到衡水中学老师和学生的声音。在对衡水中学的访谈中，其副校长的发言最具说服力：衡水中学的成功是文化的成功，其文化不可复制。

那么，衡水中学的文化是一种什么文化？

让我们看看衡水中学一些班级的励志标语和口号："一生只为高考狂，冲进重点孝爹娘""我们要做雄鹰，搏击长空，笑傲苍穹；我们要做王者，挺直脊梁，争做最强。……（5）班的勇士们，高考决战的号角已经吹响，道路就在脚下，希望就在前方！""气有浩然，学无止境，海到无边天作岸，山登绝顶我为峰！我发誓——子弹上膛，一发中的；我发誓——弯弓搭箭，百步穿杨。我们注定成功，我们必创辉煌！""苦磨十年，终成一剑；修我戈矛，立我誓言"……

再看看衡水中学的作息时间表：早晨5：30起床，跑操前抓紧时间背单词，吃饭排队在看小本子，开会前做着数学题，升旗前读着语文素材，看新闻时写着学案，到晚上 10∶10 就寝，中间有 13 节课，课间也是争分夺秒，学生的时间是以分钟来计算的，真是"眼睛一睁，拼到熄灯"。

在衡水中学的校园里到处张挂着考入北大清华的学生的巨幅照片，让每一个学生时时处处都处于一种自我预期的兴奋情绪中，也让舍我其谁的强者逻辑不断进入学生的内心，真正做到了如苏霍姆林斯基说的"让每一面墙壁都会说话"。

衡水中学把考试这个"法宝"用到极致，用他们自己的话说，就是"自习考试化，考试高考化，高考平常化"，由于考试的日常化，衡中学生的刷题也不是一般的疯狂，一位 2011 年毕业于衡水中学的女生保存了从高一到高三所答过的卷子，摞起来竟有两米多高。

在衡水中学，学生的每一分钟都被"量化管理"，包括"男女生频繁交往"、发呆、吃零食等都属扣分范畴，其管理特点就是没有死角，无缝管理，学校实行全寄宿、全封闭管理，学校像一个军营。甚至有一女生三年都不敢脱衣睡觉，害怕迟到。在校内，学校全面安排学生的学习、活动和休息，甚至穿短裤睡觉都在管理范围。班级的学习成绩、纪律、宿舍卫生状况，都会影响考核成绩。将考核成绩直接与班主任、任课老师的绩效评定挂钩，这是典型的集中营体制，充分利用人性的弱点，利用教师争强好胜的虚荣心和生存的恐怖，实现了对每一个教师的成功控制。

但衡水中学不是只有控制，还有仁慈和厚爱。

记得一位从衡水中学离开的教师告诉我，衡水中学对教师还是很关心的，每个教师的生日都会收到一份生日礼物，让教师充分体会到学校对自己的重视和关爱，并把这种爱进一步传递到学生那里，由此强化教育教学管理。衡水中学对优秀学生也是大面积奖励，这种奖励实际上也成为一种成功的控制，让学生的生命存在依附于控制者，顺从奖励者的逻辑，失去自我的标准，让强者的文化侵犯每时每刻都在发生。

不难看出，衡水中学弘扬的是一种什么文化？就是鼓励不断竞争和群体控制的升学主义文化。这种文化，用竞争代替了分享，用工具理性代替了价值理性，用弱肉强食的丛林逻辑代替了和谐共生的教育逻辑。人人都是学校这个庞大机器的连杆或螺丝钉，每个人的潜力都得到了极大挖掘。

这种文化鼓励年级与年级争，班级与班级争，教师与教师争，学生与学生争，家庭与家庭争，让学生可以忘记生活，忘记生命，眼中只有分数和名次，眼睛一睁，拼到熄灯——心中只有学习、成功、金榜题名、出人头地……这样就成功地把每个学生和每个教师变成一个个钢铁战士，而战士需要意志坚定，不屈不挠，需要忘我，需要顺从，需要一切行动听指挥，随时准备投入战斗，把自己有限的时间投入到无限的考试竞争中去，一切都是为了取得战斗的胜利，而这个胜利就是超越别人，成为"人上人"，成为北大、清华等全国一流大学的一员，这是他们定位的"成功"，这种成功学的迷药成功控制了每个人，让他们只为高考发狂，一切都为了这个目的，至于升入大学走入社会之后，到底会成为什么？这不是现在需要关心的，因为在一个盛行丛林逻辑的社会中，弱肉强食、成王败寇就是生存法则，不成功，就会落入底层受欺负，只有成功才能避免自己的不幸命运，那么，只有拼才是王道，在这样的环境中，学生的行为其实别无选择，而无法选择的行为从道德上讲毫无价值。

更让人觉得荒诞的是百日冲刺的发誓，把学习变成了传销，把学校变成了战场，这种"不成功，便成仁"的战争文化像一个引力场，任谁都不能轻视对方，大家相互影响，相互比拼，你死我活，也许是置之死地而后生吧，但没有任何理由可以证明，没人性是有道理的。

在教育的江湖中，衡水中学成功了，它成为一个标杆，也成为一个教育传奇，不过，我想说的是，罂粟花再美丽，它也是罂粟花；再成功的病人，也是病人。没有闲暇，就没有教育，因为没有思想的从容。过分控制的教育，和动物的驯化其实没有多少差距，这样的学校，考入名牌大学的学生再多，我也不会认可这样的教育就是成功的教育，不管衡水中学如何为自己的行为进行制度性辩护，也不管有多少人支持衡水中学，我依然坚持我的观点：作为高考工厂的衡水中学，只是畸形教育制度下一个超级肿瘤而已，不管它现在如何艳若桃李，受到多少人的追捧和多少人次的参观以及多少名人的垂青。

对衡水模式的示范效应我不想再多说什么，毕竟，过度励志的"成功学"教育不过是吃激素的教育，短时间体重增加是必然的。后科举时代的精致的逐利教育也不过是群体生存的一种方式，全国各地都在这么搞，只不过没有衡水搞得这么成功，这么精致。至于这样做是不是合理、是不是健康、是不是人道、是不是合乎教育规律、是不是强化了教育不公、制造了社会的紧张……那不是办学者关注的，因为当下这样的现实，单说衡水中学也没用，考不好，说什么也白搭。要质疑，人家会说，有能力你也这样搞啊！毕竟生存才是王道，不需要讲什么道理。

有人说："存在的就是合理的。"那我回敬一句："山坡上开满了鲜花，但在牛羊的眼里，它们只是草料。"

儿童教育不能"替代成长"

在儿童教育中，许多成人往往存在一个误区，总是以为大人的想法或做法是正确的，而小孩子的想法或做法往往幼稚可笑，所以，对小孩子的想法或做法往往采取一种忽视或者包办代替的方式，形成一种"替代成长"或"包办成长"的现象，这种越俎代庖式的儿童教育尤其是家庭教育，很难让孩子健康成长，只能培养出更多的低能儿。这些孩子就是将来学习成绩出色，也往往会在生活上出现问题，影响人格的健康发育。

比如一些家长在批评教育孩子的时候，孩子往往会为自己辩白，家长应该允许孩子把自己的想法说出来，然后再判断孩子到底是怎么想的。可有些家长往往采取简单粗暴的办法，就是让孩子闭嘴，只允许自己说话，不让孩子发言，似乎孩子说的就是错误的，只有自己才是正确的，如果这种"自我中心，自以为义"的教育方式不改变，孩子会渐渐疏远家长，也会形成一种冷漠内敛的性格，渐渐失去对周围世界的好奇。

从常识来讲，每个人都有人格尊严，每个人也都有自己的思想。孩子再小，也是一个独立的生命，他的自由意志和自由思想是谁也不能代替的，而不让孩子说话等于剥夺了孩子思想的自由。孩子的思想与人格得不到尊重，会让他们在大人面前有一种畏惧感或自卑感，失却了天真自然，不敢真实地表现自己。这种成人逻辑下的做法，是对儿童生命的漠视。从自然心理上讲，每个人都有被别人重视的渴望，希望自己的思想观点受到重视，受到关心，然后他才会更加关心周围的世界；如果儿童长期处于一种被忽视被漠视的环境中，他自然会对周围的环境冷漠，失却好奇心，因为一切事情大人都为他们安排好了，这样，他们的存在就不是为了自己，而成为一种依附于成人世界的虚假存在。

在长期的教育中，我发现一个现象：强势父母大都有一个弱势孩子。他们惧怕成人，和成人世界有很大隔膜，不敢在成人面前自然坦率地表现自己，对家长早早地封闭了自己的内心；他们愿意回到自己的世界，甚至有个别儿童早早出现抑郁症状。但这些孩子和同龄人相处往往还是不错的，似乎只有在同龄人那里，他们才真正找到了平等和自由。也有一些孩子早早出现依附性人格，不会独立思考，见异思迁，活在他人的世界，精神脆弱，喜欢装样子。

我记得周国平先生在讲到教育的时候有个观点，要求成人向儿童学习。儿童的世界是一个独立的世界，也是一个美好的世界。一个人一生中最难忘的往往也是童年时代，在这个阶段经历的一切美好或悲伤都会被心灵长久保存，也会成为一生的财富，但呵护童年并不是取消儿童的生命体验。

其实，对每个人而言，生命权利首先归属于自己，其用处也在于体验活着的各种滋味，并把生活中遇到的酸甜苦辣化为精神的财富，进而了解这个社会的种种，而取消了孩子的参与就等于变相取消了孩子的生命体验，比如孩子问一些大人世界的问题，有些家长会以"少多嘴"阻止孩子发问，许多家长往往会以"爱"的名义干扰孩子的成长，还说是为孩子负责，也许家长们这样做是出于自己的考虑，但从孩子的角度出发，如果这些生命的体验，都被家长包办代替，那么他们的生命底色将会是一片空白。

在一些城市的大街上，我会看到一些为孩子设立的陶吧，许多家长会带着孩子过来体验玩泥巴的乐趣，孩子们玩得如痴如醉，废寝忘食。其实，就是这种参与感让孩子们体验到制作陶器的乐趣。有些家庭会支持孩子养蚕或者养小动物，通过养蚕或者养小动物，培养儿童对昆虫世界和动物世界的关注，对以后进行科学研究和情商发育都很有好处。

苏联心理学家鲁克曾经说道："个人的情绪经验愈是多样化，就愈容易体会、了解、想象别人的精神世界。"每个生命都是自然性、社会性和精神性的统一，儿童的成长应该让儿童在享受自然快乐的同时逐渐明白一些社会规范。社会领域的教育是缓慢的，也是潜移默化的，这种教育不是知识的灌输，它强调幼儿情感的体验和实践参与，为幼儿提供获得真情实感的情境和实际锻炼的机会，空洞的说教难以激发幼儿情感的参与，孩子的反应往往是满不在乎，根本达不到教育的目的。

我们往往教育孩子珍惜粮食，孩子往往满不在乎，但如果家长带孩子到农村体验一次夏收或秋收，吃点苦，以后在家庭包饺子，让孩子也参与其中，就既增加了家庭劳动的乐趣，也让孩子知道食物制作之不易，这样对他说爱惜粮食不剩饭菜也就有了现实依据。

我记得我自己的孩子两岁多的时候，在家里教育他不要乱扔橘子核，要丢到垃圾筐了，结果孩子当耳旁风，有一次吃完后，就自己吐到地板上，谁料想他自己跑起来，橘子核就把他滑倒了，额头摔出一个包，后来给他再说不要乱扔香蕉皮和橘子核，他就知道这样要求的目的了，也很快照办。

一个自然生命的社会化，需要一个体验和参与的过程，它往往是缓慢的，也是艰难的。比如对错观念，往往是成人世界的，孩子还不懂，哪些事情可以做，哪些事情不可以做，只有参与体验了，他才会逐渐明白，家长们不可包办代替，不要用爱的名义干出破坏孩子成长的傻事。

从卢刚到卢天川，血案缘何发生？

　　1991 年 11 月 1 日，美国爱荷华大学发生了校园凶杀案，杀人者是即将毕业的博士生卢刚，曾是北京大学的高才生，他和同学山林华都在同一个导师手下读研，都希望留校任教，结果导师留下了山林华。卢刚便在例行的研讨会上先举枪打死了指导老师戈尔兹，接着又打死了史密斯教授，然后又打死了"竞争对手"中国科技大学的高才生山林华，再上楼打死系主任，接着冲入行政大楼向副校长和秘书疯狂射击，最后自杀。此次事件导致六死一重伤。此案瞬间让这个偏僻的爱荷华州震惊美国，震惊世界，从此，美国对应试教育制度下出来的中国学生倍加警惕。

　　无独有偶，在卢刚杀人案过去二十六年之后，中原大地的河南濮阳一高培优班高三也发生类似杀人案件，死者叫卢天川（化名），还有一名受伤者，是被同宿舍的一个成绩落后的同学所刺。受害者与加害者无冤无仇，仅仅因为前者在模拟考试中成绩太出色，导致后者在宿舍成为最后一名，年级 83 名，而死者全年级排名第7。

按说，在上千人的高中，考83名也是不错的成绩，偶尔一次失误也很正常，根本不值得大惊小怪。再说学习阶段，成绩永远是一个变量，这个变量既有命题因素，也有阅卷因素，个人因素是其中之一，而家长因为孩子成绩不好就不让孩子看电视、动电脑，也说了伤害孩子的话，这导致孩子精神的失控，悲剧在夜间发生。

这个原因和卢刚杀人何其相似！二者都是把失败或落后归因于外界，都成了竞争制度的牺牲品。虽然卢刚案发生在美国，但因为卢刚的中小学和大学都是在中国上的，接受的都是应试制度恶性竞争那一套，你死我活，相互踩踏，而这一阶段正是一个人的价值观形成的关键时期，不仅要学知识，更主要的是学会爱和包容，学会做人，学会自我教育……而这些东西在我们的应试教育中几乎看不到，加之后阶级斗争时代的遗毒还没有清除干净，人和人的明争暗斗、羡慕嫉妒恨一类复杂情绪在国人中依然蔓延，学校和家庭社会也是只看学生的成绩，忽视了学生的心理健康，导致校园悲剧不断发生，从近几年看，从自杀到他杀有持续蔓延的迹象。

当然，这一切的发生个体原因很大，但制度和文化教育是不是也应该做深刻的检讨。读书做"人上人""升官发财"的那些价值观是不是在继续影响学生？教师是不是走出了"死鬼的纠缠"？

教育不仅是传授知识的，更是"传道"的，这个"道"不仅仅是经世治国之道，做人之道，根本上是生命之道。教育者要叩问自己"我是谁""从哪里来""到哪里去"，要让学生认识到生命的至尊价值，看开人生：活着不是为了战胜别人，而是为了拥抱世界，找到意义，找到精神家园，最终获得幸福。要让学生明白：人的成长不是自以为是、固守自我的过程，而是自以为非、不断突破自我的过程；一个人的起点和终点都是自己。

中国文化有着典型的人本主义倾向，呈现群体主义的集体无意识，儒家思想的长期浸淫使这个乡土社会一直没有摆脱等级观念，每个人似乎都有身份的焦虑。这种文化也在不断制造自我为中心、格局褊狭的人。但是，一个人如果总是以自我为中心，那么他看到的永远是自己，永远不可能学会真正的爱，不会为他人的优秀祝福，反而会把比自己优秀的人当作敌人。

记得有一次考试，休息时间偶尔听到几个孩子开玩笑聊天。

一个问："咱们如何能超过第一个考场？"（第一考场都是尖子生）

另一说："把它炸掉。"

虽是玩笑，却透露出学生内心的秘密：学习好的都是自己的敌人。

记得我们上高中时，有几个同学爱打架，经常打的就是学习好的同学，他们似乎想借此证明自己的存在，找回受伤的生命尊严。

从卢刚到卢天川，血的教训让我们反思教育的本质、教育的目的到底是什么，如果不在价值观层面发力，其他各种技术化的改革都是没有出路的。

谁来维护教师的假期休息权？

寒暑假本来是教师职业让社会上其他行业羡慕的地方，但在中国的许多中学里，有这么一个特殊群体，他们必须按照要求冒着刺骨的严寒或四十摄氏度的高温给学生假期补课，他们的休假时间比社会公众的休假时间要少得多，不管课酬多少，他们也要"奉献"，因为他们都有一个好听的名字：把关教师。

这群教师里有准高三的老帅爷，也有准初三的小美女。在这属于自己的暑假里，他们不能按照自己的安排去自由读书，去自由地放飞心灵，去自由地畅游世界，却必须为着"同一个目标"，载着"同一个梦想"，把自己奉献给升学事业。

《教师法》第七条第4款规定，教师享有"按时获取工资报酬，享受国家规定的福利待遇以及寒暑假期的带薪休假"的权利，但在第八条的"履行义务"里同时又规定，教师必须"贯彻国家的教育方针，遵守规章制度，执行学校的教学计划，履行教师聘约，完成教育教学工作任务"。

这里就出现了一个矛盾：当权利和义务产生冲突的时

候，作为教师，到底是"执行义务"重要，还是"维护权利"重要？

"教育方针"是国家制定的，而"规章制度"和"教学计划"却是学校制定的，上面的"方针"是具体的，而下面的"制度"和"计划"却是灵活的。况且，许多学校也有自己相对独立的用人权，山高皇帝远，学校说了算。

现在的许多学校都采用聘任制，许多教师端着的其实只是一个泥饭碗，不管什么硕士、博士，学校对你想怎么用就怎么用，一些教师简直就是丧失了权利的"知识民工"，为了一碗饭，已经放弃了自由，维护自己的合法休假权更不可能。况且，毕业班确实存在复习任务重的情况，现在各校的竞争又这么激烈，在一种"囚徒困境"下，哪个学校敢放松毕业班？

有些学校对教师有明确要求，即便是放假了，也应该保持24小时开机，应该随叫随到，否则每天扣罚数倍的工资，因为暑假里，学校也有一摊子事，离开教师配合也是玩不转的，老师们即使放了假，也得陪着学校玩。

但教师也是人，为何规定的假期就不能照常休？学校也许有学校的说辞：升学压力大，考砸谁都怕。可有没有想过：如何提高教学的效率？如何引发学生的大脑风暴？如何提高学生的学习兴趣？

学习主要靠的是智力，而不是体力，不是你花费的时间多，效率就一定高，根本上是学习者的"心力"。心力松弛，没有动力，不想学习，你把他们逼到学校来，就像你割了几斤肉却没有带血，不会有什么活力。

现在许多学校一个很大的问题是，把智力活当体力活干。过多占用孩子的时间，透支孩子的体力和学习兴趣，当然，过于频繁的考试也导致教师的职业倦怠，因为应试训练的技术含量、思想含量都很低，过多占用人的大脑，而堵塞的恰恰是孩子的心灵通道，导致孩子的大脑是满的，内心是空的，制造了太多的"空心人"和成功欲过甚的危险分子。

现在的许多"名校"恰恰是侵犯教师合法休息权最严重的地方，带头违规补课，逃避检查。虽然各地教育局设有违规补课的举报电话，但往往形同虚设，不是打不通，就是打通后仅仅登记一下，而假期补课依旧。

记得有位老师告诉我，说他曾经打通举报电话后，反倒是教育局的人给他诉苦：我们管得了吗？我们一管，学校又换个地方在外面补，不仅孩子要跑远路，还得再掏教室租赁费，家长负担不是加重了吗？另外，教育局查禁后，有些"名校"的家长就来堵教育局的门，说外面的补课太贵，补不起，把孩子放在家里不放心，还是放在学校安宁，又便宜。（原来有些家长是把学校当托儿所了，难怪孩子长不大。）说来说去，都是应试教育闹的。

问题是，各地教育的"桥头堡"学校有没有这样的"自信"：我就是不加课，按教育教学规律办事，减轻孩子们的负担，让校园充满快乐，有人性的温度，升学率也高，不带头违规补课，不把学校弄成"训练集中营"。

由于目前教育这种恶劣的竞争状况，学校也只好裹挟着教师奋战假期，牺牲休息和学习时间，可问题是：谁来保障教师的休假权？

各个学校虽然有工会，但能真正保障教师的权利吗？

记得河南女教师顾少强的"世界那么大，我想去看看"曾经引发强烈共鸣，不仅因为她的自由精神和追求自我的勇气，更因为这句话点燃了无数人内心的渴望。可我们无数的教师有这样决绝的勇气吗？

逃避自由，仅仅是因为恐惧吗？还是因为长期的禁锢，我们已经不再向往自由，或者，我们已经被剪断双翅，失去了自由飞翔的能力？

自由是创新的标配，当教师和学生的身心不再自由，我们到何处寻找这个民族发展进步的动力？

辑四｜救赎与守望

教师的存在到底意味着什么？

　　人生到底有什么意义呢？这是认真生活的人经常会追索的问题。

　　有人说，人生没有意义，意义是外加的，是自找的。甚至可以说，历史没有意义，教育没有意义，读书没有意义……所有这些意义都是我们外加的，是自己找来的。

　　要追问教师存在的意义，必须首先追问教育存在的意义。教育为了什么？简单一点说，为了让人成为人。也就是说，教育是为了让一个自然人成为社会人，成为一个精神意义上的自由人，成为一个身心和谐的健康人，而不是成为一个机器人。

　　一个让人成为人的活动，要求从事这项职业的人首先是人，然后才是教育者，这个逻辑不能乱。

　　一个正常的人才能培养出正常的人性；一个大写的人才能培养出大写的人格，至少对学生的精神有所辐射，有所影响，让学生知道，一个人可以那样活着，不必为了生存出卖自己的人格尊严。像吴非老师那样，不跪着教书，使学生站起来看世界；像李镇西老师那样，用爱心灌注生命，让别人因我的存在而感到幸福；像凌宗伟老师那样，坚持阅读，特立独行，遇物则诲，相机而教，不断超越自己，培养出更多的优秀教师；像许锡良老师那样，广泛阅读，笔耕不辍，用思想启蒙大众，让我们看到了教师的另一种存在；像樊阳老师那样，几十年如一日，带领学生进行人文阅读，穿越古今，推倒教室的围墙，坚持组织文化游学，把课堂开在天地之间。

"意义"是一个心理概念，是主观的。也就是说，意义首先是自己添加上去的，你自己认为这样做是有意义的，而不是外界逼迫的。离开主观性，意义也就失去了价值。

同样，意义也是客观的。思考教师存在的意义不能离开"时空"。

人是有限的时空存在物。一个教师，如果他能把自己的影响力辐射到学生后续的生命时空里，对一个人产生深刻而持久的影响，他的生命就进入另一个生命里面，他就在学生身上延续了自己生命的长度。同时，他如果能影响到更大的空间、更多的社会领域，影响到更多的人，那么他又延展了自己生命的宽度。

如果说，教育就是一个生命对另一个生命的影响，那么，教师的生命意义构成应该有这样三个维度：影响学生的广度（人数）× 影响学生的深度（个体持久力）× 影响学生的高度（人格精神）。

一个优秀教师应该是学生生命中一段美好幸福的回忆。

教育是一种美好的相遇，这种相遇也是一种恩赐，一种缘分，让教育双方都能获益。学生成了教师托命和传承文化精神的载体，教师也成为学生看到的另外一个美好的自己。这样的教育，不仅是教师满足生存的职业，也是安放心灵的家园；是自己幸福生活的保证，也是价值实现的手段。

追求有意义的教育必须追求有意义的教育时间。在非意义时间里，教育教学活动就变成了教师的职业负担，接受教育就成了学生的包袱，教师所耕耘的不是学生的心田，而是他大脑中的某些负责记忆或演算的细胞。当然，对意义的判断需要教师具备文史哲的修养，否则，难以窥见教师技术支撑后面的教育价值观。

意义有正面的，也有负面的。

教师很容易认为自己的存在对学生的绝对意义是正面的，容易淡忘的是，有可能给学生带来负面的意义。

有些教师的存在似乎就是为了让学生看到一个做人失败的严正教训，成为学生生活中的一段噩梦。但这些教师看不到的是，他们以为自己很负责任，一切似乎都是为了学生好。他们把学生的一切都控制起来，要求孩子一切都必须听从自己的，一切都必须照自己的要求办事，自己似乎是一个塑造者，一个园丁，一个灵魂工程师，稍有不从，便严加申斥，还埋怨孩子毫不领情。面对这样的教师，有些学生毫无办法，有个别孩子甚至以命相拼。这就需要教师认真反思自己的教育教学行为，到底是为了自己还是为了学生。

记得多年前，一位教师对班上一位喜欢和男生说话的女生说："你不用学习了，找个男人把你包起来即可。"过了几天，这位老师在校外被打。你说他这样批评学生，被打是不是自找的？

有些教师背着多张面具，对上一套，对下一套，对自己又是一套，毫无平等意识，八面玲珑，左右逢源，欺上瞒下，学生看在眼里，记在心里，这样的教师对学生就是一种负教育，他对学生存在的意义就是一个负值，他的所谓"负责"只会加剧"平庸之恶"，甚至会成为一个教育的笑话。

必须确认灵魂存在方能谈教育

教育是精神的唤醒，而非理性知识的传授。这个常识，做教育的人都知道，但是，精神的唤醒必须确认灵魂的存在，否则，我们就不是在培养人，而是在培养机器。

从物质构成上讲，人与动物没有多少差别，如果不能在灵魂上有所追求，那么活脱脱就是个禽兽。

有位化学家曾经计算过人身体的物质构成：一般人身上的脂肪大约可以做 6 块肥皂，磷质可以做 250 根火柴，石灰质可以消毒一个鸡笼，身上的硫黄可以杀死一只狗身上的虱子，铁质可打一根铁钉，另有一把盐、一杯糖，还有一点氮气，如果用人身上的成分制火药，可以放一炮。

由此可见，人最宝贵的并不是肉体，而是灵魂。生命是在里面的；里面有光，生命就不会黑暗。

当然，灵魂的存在是生命的奥秘，我们不知道灵魂来自哪里，也不用追索。但作为教育者，必须确认灵魂存在，方能谈教育。灵魂是生命的本质，它支撑着一个物质化的肉体，这是一个秘密，也是一个神迹。举个不一定恰当的例子，就像电脑，光有硬件是无法运转的，必须有软件，不然就是一堆废物。

回到话题，人是灵肉合一的生命体，一个人"失魂"，生命必然"落魄"，成为一具行尸走肉。灵魂的本质必然是向上的、向善的，是追求永恒的，是寻找源头的，这种对永恒的渴求、对源头的渴望才是灵魂的根本属性。不然，这个世界上的任何东西为什么都很难以让一个人真正满足？人为什么会有疏离感？人为什么会寻找意义、寻找家园？因为灵魂是一个游子，它总在寻找回家的路，而人类一切的科学、文化、艺术、哲学、宗教等都在阐释两个字：回家！

寻找回家的路，回归精神家园，才是教育的根本追求。因为人的一生，起于"安身"，终于"安心"。安心，就是对灵魂的安顿。如果不能确认灵魂的存在，教育的一切都是无源之水，"育人"很可能变成"愚人"。

无道可传，何以为师？

这句话出自齐宏伟老师。

当我读到这句话的时候，停留了半天，也想到韩愈给老师的定义"传道授业解惑"，如果教育者只是"授之书习其句读"，那么这样的教育者在韩愈眼里还不是真正意义上的教师，这一点在他的《师说》里讲得很清楚。

联系基础教育界乃至大学的种种现状，我们不妨追问：有多少教师真正配得上"教师"这个称呼？有多少老师在"传道"？又有多少老师仅仅停留在"授业解惑"的层次上？我们把多少时间用在"授业解惑"、争取高分、让外界满意，或者仅仅传授谋取生存的"求职术"和"成功术"上了？

接下来的问题是："道"又是什么？我们知"道"吗？我们平时所说的"不知道"只是"不知情""不了解情况"而已。道，在这个口语中是虚化的。

我个人的观点：道，有狭义和广义之分。狭义的"道"，就是技巧、方法、思路、规律乃至"道统"；广义的"道"，就是伟大事物，就是真理，就是这个世界的本体，就是物质现象世界背后的那个先验的世界、理念的世界、看不到的永恒的世界，祂是先于这个看得见的世界而存在的，并超越人类的理性、经验，也超越这个看得见的世界，祂不是人类用任何语言可以传达的，祂太伟大，太不可捉摸，又时时处处不在，且不断打理和回应这个看得见的世界。

老子在《道德经》开头讲："道可道，非常道；名可名，非常名。"也就是说，有一种"道"是用语言无法说清楚的，祂是先天地而生的，是万物之始，是"无"。天地万物是由祂生发的，天地万物属于"有"，宇宙是由"无"中来的。汉语成语"无中生有"就是说天地的创生是突然而来的，大爆炸只是一说。天文学家通过各种数据测算，地球上出现生命的可能性是 $1/10^{215}$，但生命却在地球上出现了，难道它仅仅是幸运造成的吗？太阳与地球之间的距离比现在的距离近 5% 或远 20%，地球上也不可能出现生命，但地球上不仅出现了生命，而且千姿百态，生生不息。

道，是自平衡的，是自足、自立、自由的，是不依赖任何东西而存在的，是超越我们的理性经验的，而我们看到的天地万物是从"道"而来的。语言之道是承载不了永恒之道的，语言面对这个永恒之道是无力的，即便是抽象各种概念符号和发音以及抽取其共同特征的"名"，也是无法概括"道"的存在之实的。那种终极性的创生力量，是在人类语言的控制范围之外的，所以，万物的共同特征是无法用语言表达的。通过语言概念去求"道"，是很艰难的，因为语言的局限性太大了。老子说："天地有大美而不言。"最大的美是不说话的，袘只用万物启示，用奇迹显示。孔子也说："天何言哉？四时行焉，百物生焉。"天，是不说话的，而四季照常运行，百物照样生长。

真正的"道"本身就是真理，就是生命，就是永恒，袘超越各种宗教、文化、哲学。从普通的文化中发育出来的"道"的观念，只不过是理性的观念，是理性的产品。真正的"道"就是这个宇宙间的主体，人类只是客体，世间的一切都来自这个"道"。

语言之"名"和世界之"实"之间永远不会对等，永远不会统一；人的语言符号和宇宙真理之间永远隔着千山万水，所以真正的自由宗教（比如广义的基督教各教派）往往通过音乐直击人的心灵，让音乐在语言的局限之外也承担载道功能。其实，语言和音乐也只是传道的工具，是抵达永恒实在的途径，二者的起源也都是神秘的。

《淮南子·本经训》记载说："昔者仓颉作书，而天雨粟，鬼夜哭。"在中国上古的祖先那里，语言是通神的，是来自于上天的，通过语言可以让上天帮助你落下粮食，吓得鬼怪逃窜，所以，语言也是一种神秘的能力，古埃及人和古希腊人都认为语言来自神灵。因为上帝也是通过语言创造了世界。

语言是一种伟大的力量，也是一种现实权力。《圣经》上的"要有光，于是就有了光"可以作为这句话的注脚。

《人类简史》的作者赫拉利认为，智人之所以能够打败当时地球上其他野蛮部落，成为地球的统治者，一大法宝就是智人掌握了语言，而语言的来源是神秘的。许多宗教的祈祷读经大致可以通过语言来达到接通神圣的目的。

语言是一切工具的工具，是人类一种伟大的能力。

对于世界的起源，有两种观点，一种是"创生论"，一种是"自生论"。前者认为宇宙万物有一个源头，是由那个永恒存在、自有永有的东西创生出来的；后者认为宇宙万物是自生的，因缘际会，变化发展，生生不息，本来就这样，所以叫"自然"。

创生论认为，万物都是由"道"而来的，每一个人的生命也是被创造的，因而对那个创造者充满感激、谦卑和敬畏，因为自己的生命是有目的的，是有意义的，也就知道生命的方向，知道从哪里来，到哪里去，因而不会迷茫，更有归宿感和幸福感。

西方有亚当夏娃，东方有女娲造人；东西方的智慧告诉我们，世界是有一个起源的，不是自然就这样的，而这个创生者就是"道"，就是主体，就是最后的家园。找到了这个东西，生命就不会迷茫，教师的教育教学就会更有方向感。你才会知道，自己的努力不是无意义的，世界上的一切存在都是有意义的。只有当你把世界上的一切，不管好的还是坏的，也不管是善的还是恶的，都看成是有意义的，你才不会在失望中落寞，才会在绝望中坚守，因为你和那个最大、最高的存在是互为一体的。

你虽然微不足道，像蝼蚁一样存在，但有一种伟大的创生力量时时充溢你的内心，你在每一个早晨醒来之后，有一种生命能量就在你身上开始起作用了，因而，每一天都成为你有意义的一天，在日积月累的微小行动中，你才会认识并渐渐抵达那个伟大事物，不管最后在世俗者眼里是成功还是失败，你都在路上挺立，因为你知道你内心的方向。

教育者有了这种认识，才会真正做到"行止无愧天地，褒贬自有春秋"，才会把外在功利看轻看淡，也才会有坚持的力量。

教师是一个知者，更应该是一个行者。回到我开头的话题上，教师的根本任务就是传道，知识背后是"道"。道，就是道路、方法，是力量，也是方向。

教育为什么需要信仰？

一

因为教育在很大程度上是无力的，是软弱的，甚至是无用的。教育面对的是人，而人是宇宙间最复杂、最诡诈的存在。真正的教育要触及、震撼并唤醒灵魂，重建一个人的生命。

汉语有个词："服从"。"从"的前提是"服"，敬畏顺服真理，才会跟从真理，改变自己，放弃自我中心，才会学着接纳世界、宽容他人，与命运携手，与生活和解，与大道合一。所以从终极意义上讲，教育其实也是良心产业，是精神本体的构成部分，它呼应的是宇宙间最恒久最细微又最震撼人心的那个声音。现实的教育除了传播知识之外，也可能传播了谬误。

教育从属于文化，从属于一个巨大的系统。一个人的秉性是确定的，其性格、习惯、各种各样的弱点，既有基因的遗传，也有人本身的局限，你学校里的教育又能怎么样？教育以外的各种力量对教育的制约，比如家庭环境，父母的观念，社会问题，制度问题，教材问题，学校问题……许多问题都很难归结到学校或教师身上。所以，真正的教师内心很可能是绝望的，他们知道教育在某种程度上说其实是没有什么用的，但他们从没有放弃自己的努力，用做事来对抗绝望，似乎是一个西西弗斯，不断地推石头上山，然后石头又滚回山脚，然后再推，如此努力，但又如此无力。知道无力却不放弃，由此确立了存在的意义，这，就是教育的信仰。努力，却不考虑成败得失，因为内心绝望，也就不会有失败的痛苦；因为没想得到，也就无所谓失去。

二

敬畏真理是智慧的开端，面对浩瀚的宇宙，认识到自己的无知才是聪明。

求真理的过程是自我碎裂的过程，也是走出自我中心的过程，如同走出幽闭的洞穴，才能看到真理之光。

由于人类所处空间的限制，因而产生许多错误的观念，比如"地心说"的产生就是因为人类困守在地球之中，没有大时空的观念。

科学只是探求真理的工具，并不是真理本身。仅靠人的感官经验以及可怜的理性，是看不到整体的。

是的，真理是要靠实践来检验的。问题是：不同个体的实践是不一样的。《小马过河》的寓言我们小时候都学过，关于河水的深度，小马问老牛和松鼠，得到的回答是不一样的，还是要亲自去实践一下。不过，我们可以检验河水的深度，却无法检验太阳表面的热度，无法测量爱的深度与良心的纯度。

事实上，在这个世界上，最重要的东西往往都是看不见的，甚至是检验不了的，那是潜藏在精神世界的秘密。我们的眼睛能够看到的是宏观世界，而宏观世界受制于微观世界，微观世界又受制于超微观世界。相对于宇宙，人类才存在了多长时间？人类怎么知道宇宙的真理呢？爱因斯坦说过，宇宙中只有两样东西是无限的——宇宙的大小和人类的愚蠢。净空法师认为，宇宙的智慧如果是无限的话，人类的智慧永远在"0"附近。虽然人类至今已经创造了伟大的文明，但相对于宇宙的智慧，人类依然处于蒙昧之中。故对于真理，人类只能热爱、追求，但无法占有。任何人也不可能是真理的化身。

再说，真理不是相对的，而是绝对的，并和人类隔着无限遥远的距离。真理，永远在路上，因为人类相信有真理存在，而真理必然给人类以自由。

三

教育本就是信仰的组成部分，因为只有你相信的东西，你才能教给学生，而人类教育的发展本就和信仰密切相关。

信仰是什么？

用哲人怀特海的话说，就是把自己的有限性和宇宙的无限性结合在一起而形成的一种关系，因为这种关系，我们坚信，有某种至高的人格在召唤着我们，有某种至高的力量在激发着我们，有某种至纯的爱在呵护着我们。凭借与信仰的这种关系，我们就无所畏惧，因为生命有了根基，就会超越现实的人际规范，有了内心的标准，努力寻找自己存在的意义。

奥古斯丁说过："每个人的一生都得孤独地面对两件事：一是孤独地面对信仰，二是孤独地面对死亡。"

人生有很多选择，而最根本、最重要的选择就是信仰的选择。因为你相信什么，便会把生命交给什么，并带领学生朝向什么。

四

教育为什么需要信仰呢？因为教育不仅要学习知识，更要培养人的道德和智慧，可知识、道德、智慧都是建立在信仰的基础之上的。

有信仰才会有敬畏心。

人，必须认识到自己的渺小，有对无限世界的敬畏之心，这才能低下头去求知、求道。

再说，世界有个开端，生命有个开端，这一切的根源在哪里？不管这个根源叫"道"、"上帝"、"存在"还是"绝对精神"，作为一个人不能不面对这些问题，因为人是会思考的，总会有关怀，总会找根源，不会仅仅满足于活着。如苏格拉底所说，没有经过省察的人生不值得过。

对学生来说，知识教育与信仰教育都是不能少的。科学研究外在世界，而信仰关乎心灵世界，都体现了对人的关怀。这一点，东西方哲人都有近乎一致的思考。

梁漱溟先生曾经说过，人要处理好三种关系：一是人与物的关系，二是人与人的关系，三是人与自我的关系。这三种关系不能颠倒，由低到高。而丹麦哲人克尔凯郭尔也认为人生有三个阶段：一是感性阶段，二是伦理阶段，三是宗教阶段。梁漱溟说的处理好"人与自我的关系"是教育中最重要也是最根本的关系。

东西方哲人用不同方式进行的思考，殊途同归。事实上，教育不仅是社会的工具，也是自我的需要，使一个人由"安身"走向"安心"。

人是灵肉合一的。肉体需要物质的支撑，但没有灵魂的安顿，人便不会从容，更不会幸福。那些高智商犯罪的，自杀或杀人的，报复社会的，难道仅仅是物质缺乏吗？

至于成功，我们的社会太过关注，其实只有幸福才是真正的成功，其他都是假的。人类不管个体还是群体，除了幸福还有什么追求？求乐的人生观才是自然的人生观，而快乐幸福是不能置后的，它本身就在过程之中。同样，教育本来就是过程，不能事功。人的成长太慢了，成功是可遇不可求的，它本身就是优秀的副产品。一个优秀的人，他的成功是迟早的，而且成功本就是个过程，不是简单的结果。

当然，这些思考，我在工作之初并没有，当时只是满足于把书教好，学生成绩不要落后，让学生喜欢语文，喜欢我的课。后来渐渐觉得应试教育的急功近利越来越压迫教育价值，甚至和教育反着来。教育的关注核心是人，而应试教育的关注核心是成绩，是升学率，虽然它也说"以人为本"，但这个人在应试教育体制下只有工具价值，人并没有变成目的。因为应试教育对人的评价就仅仅是成绩量化，而人恰恰是最难量化的东西，用什么做标准呢？如果还是人的标准，那这个标准一定是靠不住的。比如一个人的身高、体重可以量化，但一个人的健康、人格、尊严、灵魂的质量怎么量化呢？它必须有个更高的尺度，这就必须确立自己的教育信仰——教育想干什么？你所教的这门课想干什么？它和一个人有什么关系？和这个社会系统有什么关系？

五

多年教高三，我发现许多学生在高三好像长空的树一样，虽然外在还正常，其实生命里面很脆弱。经不起风吹雨打。尤其是不断听到有刚入学的大学生自杀的消息，我认识到在自己可能的微小空间内不能不有所行动，就是让我教过的孩子尽可能从精神上得救，人格健全，心灵强大，不被社会现象所迷惑，最起码不要有自杀的，救一个算一个。一个普通教师，做不了什么大事，改变不了教育大气候，但可以在课堂上改变局部的教育小气候，让孩子健康成长，在一个系统中寻找自己存在的意义，虽然成绩也重要，但成绩应该为生命让路，没有生命了，要成绩做什么。

于是我想拓宽我的课堂，不想仅仅满足于工具化的语文，大凡政治、经济、哲学、历史、审美、宗教等母语能够承载的内容都可以进入语文课堂，只要能够联系到教学内容，我觉得有价值的，都引导学生关注，尤其国家和社会的大事情，希望培养学生的独立思考能力和公民意识。

我认为，独立思考能力关乎人的幸福；一个人越善于独立思考，越不会被压力击倒，也越会找到自信和快乐。而一个人越具有公民意识，越能够对自己和一个共同体负起责任，越不会轻易走上绝路。虽然恢复高考已经40多年，但我们的教育制度依然是科举的附庸，做人上人的成功意识依然是教育的主流意识，用钱理群的话说，就是培养"精致的利己主义者"，和公民教育依然有很远的距离，和现代化的要求也是脱节的。于是在教学中我不断给学生推荐课外书，比如《小王子》《诸子百家争鸣》《乡土中国》《1984》《动物庄园》《潜规则》《万历十五年》《人的奴役和自由》《重新发现社会》《乌合之众》《灵魂只能独行》《哲学与人生》之类。

课堂充实了，学生也很喜欢这样的课堂，但我却很累，也不时遭遇困惑，因为要多面出击，课堂要好，成绩要高，成长要快乐，要让学生满意，要让家长满意，要让学校满意，当然更要让自己满意，经常是四面夹击，四面受困。我深切感到，教育真难。能够多年支撑下来，主要依靠内心的力量，依靠不断的读书、写作进行自我教育，自我修炼，这就是教育信仰的支撑。

所以，当几位家长到学校投诉我之后，虽然当时的情况很严峻，很艰难，但我直面这种困境和艰难，相信自己还有言说的能力，于是就有了那封引起全国关注的万言长信。除此之外，在那个寒假，我还读了五本教育学论著，写了几万字的读书笔记。这是心灵的力量，也是信仰的力量。

教师的"成功"是一个伪概念

在一片被"成功学"污染的土地上，谈论"成功"特别具有流行病学价值。

教育本来是教人如何自由、如何幸福的，但现在的教育也成了"成功学"的跑马场，小孩子从小就被灌输"不要输在起跑线上"，但教育是赛跑吗？世界就是一个狭隘的跑道吗？

因为错误的教育观念，加上人口大国各种人均资源的有限，还有身份社会的普遍焦虑，急功近利就成为一种流行病，哪个学校或者个人不染此病，就不合时宜，就会被教育大潮淘汰或者边缘化。

不过，教师的"成功"，我总觉得是一个伪概念。

所谓"成功"就是"完成功业"，但教育有可"完成"的功业吗？百年树人，一个人的成长和成才是一个缓慢的过程，是急不得的。况且，教育实近于农业，不是工业流水线，没有必要那么急于做评价。从根本意义上讲，人的发展充满未知，人永远是一个待成品，成长没有极限。即便是所谓的"成功"，也不应该有一个统一的标准，因为每个人的禀赋是不一样的，认识自己、发掘自己的时机早晚也不一样。

单从"成功"这个词来讲，我也觉得这是一个社会学词语，它应该是一个动词，而不应该是一个名词，因为成功是一个过程，而不是一个结果，任何对成功的简单化定义都是可疑甚至可笑的。在一个大概率价值观社会，对成功的物质化、社会化定义，都是对个体生命的扭曲甚至陷害。

我个人认为，成功应该面对两个维度：一个是社会维度，一个是个人的生命维度。社会维度就是一个人的社会事功，对社会的贡献，不仅在于物质，更在于精神和价值观念。个人的生命维度就是，你自己身体是不是健康的，你的人格精神是不是健全的，你生活得快乐不快乐？再往高一点说，你过得幸福不幸福？

回到对教师的成功追问上，看一个教师成功不成功，不在于他如何吃苦受累、以学生为控制对象而成为"道德标兵"，也不在于他如何压榨生命为本校提高升学率贡献了多少数据，更不在于他如何利用体制优势得到什么头衔或为自己谋了多少"好处"，我觉得有三个问题可以做出回答：第一，爱不爱？第二，乐不乐？第三，有意义没意义？

一个不爱教育、不爱生命、以学生为工具的教师不管他如何出名，如何受到上级器重，我都不认为他是成功的。

一个成天愁眉苦脸、牢骚满腹、上课如上刑场、享受不到教育之乐的教师，不管他的教学成绩如何突出，我都不认为他是成功的。

一个只教知识不顾常识、只有情趣没有情怀、只有升学冲动没有教育信仰的教师，不管他有多高的职称和多大的名头，我都不认为他是成功的。

其实，教育本就是为提升人性、成全生命、认识自我、感受幸福、寻找意义而存在的，不是为攀爬楼梯成为"人上人"。教育是根的事业，是灵魂的产业，是良心工程，不是炫耀成功的"江湖"，更不是权力证明自己存在的绞肉机。

再说彻底点，这个世界，有谁成功了？死亡会让一切归零，连亚历山大这样的皇帝死后也是两手空空，不带走一片云彩，何况我们普通人呢？每个人都是历史的灰尘，都是时间的废弃物，真正成功的一定是和宇宙同源的某种精神性的存在。

戴着镣铐跳舞，内心要有音乐

期中考试一结束，往往是一些教师难熬的日子，因为接下来许多学校有成绩分析，有各种数据的排队。

说实话，现在的基础教育不管是中学还是小学似乎普遍把目光都盯在考试上，甚至有些幼儿园也进行课外辅导，背诵《弟子规》《三字经》等。一些地方在"小升初"考试的带动下，"幼升小"的考试辅导班也出现了，就是为了帮助学生升入"好一点"的学校。

其实，社会评价中所谓"好一点"的学校是否真的有那么好？是否真的值得孩子们牺牲那么多黄金时间去争取？考入这样的学校是否就是真的意味着"成功"？

前天看到一篇文章，说给传统名校"打零分"，原因是这些"名校"在地方政府的纵容下，集中了优势教育资源，不断把落后地方的学生和教师挖过来，最后都成了这些学校的资本和面子。可怕的是，教育资源的畸形配置，使教育几乎放弃了大部分孩子。这种教育的产业化，导致教育的"丛林化"，不

187

仅带来教育的恶性竞争，搞乱了地方教育生态，而且加剧了社会不公，带来家长们普遍的焦虑。

我要说的是，教育很重要，但对于人生，教育不是起决定作用的东西，名校也并不能决定一个人的一生。你把天鹅蛋放在鸡窝里，孵化出来的还是天鹅；你就是给鸡蛋盖上天鹅绒被子，出来的还是鸡蛋，说不定还是臭蛋。你把草本植物能不能培养成木本植物？袁隆平的杂交水稻搞得再好，也只能是水稻，绝不可能是西瓜。

哈佛大学一位心理学家和美国企业研究所的一位著名学者合著过一本名著《钟曲线——美国生活中的智商与阶级结构》，这本书的研究结论告诉我们：智商是天生的，和家庭背景、阶层甚至教育程度都没有关系，目前人类还没有找到任何提高智商的办法，高智商和低智商在人口中的分布基本是固定的。当然，教育会给人传授一些技能，但无法把一个笨人变聪明，就此而言，教育的焦虑更多的是人们想象出来的，因为人很容易为自己的想象力所欺骗。

当然，现实确实存在不公，这是谁都不能否认的客观现实。但教育不是万能的，迷信教育是儒家文化圈的通病。儒家的问题就是喜欢分等级、明尊卑、定贵贱、分高下，以权为本位，进行利益分配，制造身份焦虑和生存焦虑。中国社会治乱循环的文化根源就在儒家那儿，它是等级专制的护身符，所以黎鸣、袁伟时、许锡良、邓晓芒等先生批判儒家文化，实在是看到了更深层次的问题，因为制度、人性的深层结构都在文化那儿，价值观、信仰都来自文化。

回到教育，你看现在的许多学校里有实验班、重点班、普通班……在社会上有示范性高中、标准化高中、普通高中……似乎上了"重点"就能成为"人上人"。拼现在，是为了拼将来，可是谁又知道未来会怎样呢？人生太复杂了，偶然性也太多了，教育并不能决定未来。这一点，我身边有许多朋友的成功例子，他们当初上的学校并不好，可有成为著名作家的，有成为新锐教师的，有成为国家级科技专家和行业专家的，我就不一一举例了。

记得武汉大学前校长刘道玉先生在研究各种教育问题几十年后发现：一个人能不能成才，能不能成功，基本上不决定于名师名校，而是决定于自己，决定于自己的理想、境界和追求。

我们要从农业的角度思考教育。教育不是工业流水线，无法标准化。但在现实的压迫中，我们很容易忘记这样的常识，被急功近利的工具理性裹挟，向应试教育屈服。

其实，教育是最难评价的一个行业，因为它对应的是人。学校中的考试评价只是一种"显性评价"，况且，任何人都是独一无二的，群体评价是一种不靠谱的"伪评价"。从哲学层面讲，人是万物的尺度，任何对人的量化都是对生命本身的贬低甚至陷害；进一步讲，对世界越是精细量化，往往越容易导致混乱。现在一些学校对学生的"思想品德"也进行量化甚至打零分，这很容易伤害学生，制造出更多的教育问题。

常见一些学校把自己的成功定位于中考或高考的升学率，流风所及，一些教师也把自己的尊严、荣誉定位于学生的考试分数，更有个别"名师"在用自己为北大、清华培养了多少学生来自我标榜，这实际上是贪天之功。教育常识告诉我们：基因是主人，教育只是仆人。任何人的成功都无法离开自己的天性，教育的品质也和教育在多大程度上发展、成就了人的天性有关。

再说，考上"好一点儿"的学校只是有了一个比较好的平台，是否能够真正成才，还得靠自己的努力，因为人最终都是自我完成的。

从教育的角度看，对人的考量应该有三个维度：长、宽、高。

长，就是要有一技之长，有某种技能，可以靠它谋生。

宽，就是能够与人自然相处、愉快合作，并有包容之心。

高，就是有自我人格的构建，有精神的高度，有对生命的热爱，有对社会和人类的情怀。

而我们现在的考试评价基本处于第一个层面，就是为了学生将来能够谋生，在一个等级社会成为"人上人"，能够轻轻松松吃香喝辣，这样的教育其实把教育仅仅局限在糊口这个层面。其实，对于一个身体健康的人而言，即使不接受学校教育，谋生也不成问题，民间社会许多能工巧匠就不是学校培养的，但他们照样活得很好。

作为教育从业者，还是要走出恐惧的阴影，突破狭隘的观念，其实，突破应试，教育还是可以有所作为的，因为世界很大，人生的课堂也很大，而且成绩也不能建立一个教师全部的尊严。过于追分数的教师可能比一般教师更脆弱，更恐惧。当然，为生存计，应试也是要搞的，但不能用应试代替教育的一切，因为教育不是一个跑道那么狭隘，他还有更高远的时空。

面对应试教育，有专家说，教师要学会戴着镣铐跳舞。但我要问：谁见过戴着镣铐的舞蹈家？

当下的首要问题是，砸碎精神的镣铐，挣脱观念的牢笼，还教育以本来的面目，不能战战兢兢地跪着教书。

如果实在无法挣脱束缚，那也不是戴着镣铐就寸步难行，你也可以有起舞的空间，关键是内心有没有音乐。

让学生学会自治

前不久，听一位老师在作报告时讲到发生在他自己身上的一件事：某年暑假，接到一位家长的电话，说孩子在家里难以自我管理，建议组织学生到学校一起学习，于是他主动把全班孩子组织起来到学校读书、做作业，这些都是义务劳动，学校也不知情。

这位年轻老师的事迹当然很感人，能看出他对学生的爱意和作为班主任的一片赤子之心，毕竟是从教不久的年轻人，有教育热情，不计报酬，这种奉献精神是很值得肯定和赞扬的。但我同时在思考另一个问题：为何高中的学生依然不会自我管理，依然需要外在的强制和"他律"才能学习？

朱熹说："教学者如扶醉人，扶得东来西又倒。"教育的许多事情往往是按下葫芦浮起瓢，就此而言，教育者不能不对自己的教育行为有理性的认识和选择。

记得多年前听一位"道德楷模"型的资深班主任讲自己的治班"奇迹"，说她只要一进教室，闹哄哄的教室立马鸦雀无声，没有一个学生敢抬头，而我知道的是，她一离开自习教室，学生们又是恢复原样。

这就引出一个问题：如何让学生学会自治，不再满足于外在的管控？因为一个人老被人管着很难真正长大，也很难有人格和精神的自尊自立，最后会成为一个可怜的人，就是为外界而活。一个真正意义上的人也应该是一个理性的人，会生活，会思考，会独处，也合群。只会过集体生活的人一旦离开集体就会感到空虚无聊，容易形成"合群的自大"，很难形成"个体的独大"，而没有"个体的独大"，很难有创造性的人才出来，因为有力量的人总是独立自治、自尊自信的。

日本大教育家福泽渝吉把"独立自尊"作为德育的最大纲领不是没有道理的。一个缺乏自尊的人必然缺乏自信自爱，觉得被人控制着也是一种幸福，容易忘记自己是一个有着独立意志的生命个体。

看看我们周围，长期的群体规训、管控与压制制造出太多的"外化型人格"。这种人格特质就是把自己的一切快乐幸福建立在外界评价与群体评价之上，失去了内心的尺度和自我的标准，轻看自己，依附外界，甚至欺上瞒下，趋炎附势。

再看看场域中的一些人，为了官爵和金钱，不惜出卖人格尊严，出卖灵魂，不以为耻，反以为荣。一旦得势，就拿鸡毛当令箭，为了讨好上级，不惜一切手段去整治别人，忘记自己还是一个人，这种"对上像狗，对下像狼"的非人化生存就是丧失了自我的灾民理性的恶性膨胀，要追求深层原因，是否和从小就被外界管控和压制而没有养成自治自尊的品格有某种关系？

回到教育管理者自身，只有自尊的人才会尊重别人。孔子说："己所不欲，勿施于人。"自己不愿意被强力管控，那也不要用强力去管控别人，因为每个人都有自治权，自治意识的觉醒才是人格觉醒的内在动因，渴望被管制那是长期被奴役的后遗症。当然，己之所欲，也不要强施与人，外在境遇的不同和内在思想的不同也很难强求简单的一律。

德国哲学家雅斯贝尔斯讲过，教育就是要培养自由的公民。只有自由的公民才会有独立自由的精神，才会有勇于担当的责任心。权利和责任是不能分开的，从逻辑上讲，没有权利的人也没有责任。卢梭说："人生而自由，但无往不在枷锁之中。"自由是上天赋予人的意志，不会使用自由的人是可怜的人，滥用自由的人又是可怕的人。自治就是学会使用自由，守护自由。作为教育者，如果总是压制学生的自治意识，让学生生活在一个被管控的环境中，那只会培养出可怜的物种，难以培养出真正意义上的人。

孟德斯鸠讲过："每个人都是一个国家。"人格即国格，欲求国家之国格，必从求每个人的人格尊严开始。不能设想，一群没有人格尊严的国民却能组成一个有国格尊严的国家。

一个国家能够长期立足于人类社会，一定来自于人民的自尊自治。自尊者必自治。文明人和野蛮人的区别在于，文明人懂规则，践行规则；野蛮人不懂规则还破坏规则。英国在过去能够长盛不衰的原因就是公民的自治力强，规则意识强。美国人在"9·11"空袭后的互帮互助，日本人在大海啸中的秩序井然，都和长期的自治训练有关。

凡是喜欢被人管的人不具备独立人格，也没有自立意识，就是成人后也不过是像余世存先生说的"类人孩"而已。一个人如果不是想管人就是希望被人管容易形成一种奇怪的人格，就是威权人格与奴隶人格的合体，这是一种畸形的人格。这种人格特点往往是，在上不把别人当人，在下不把自己当人，这种缺少平等意识的人格的繁殖，并不会给生活带来什么美好价值，只是加剧了生活的非人化而已。

自尊者必然自立。学习好的学生往往是自律能力比较强的学生。在一个社会群体内，一个人能够成长为被赞美的人，也和认清自己后的自我努力有关，不是外在高压的结果，而是主动承担自我责任和社会责任的结果，因为生命进入了一个自觉阶段，外在的监控恰恰会成为一种障碍和扼杀人格尊严与创造行为的利器。孟子说的"舍我其谁"，梁漱溟说的"吾曹不出，如苍生何"，佛家说的"普度众生，自度度人"，都是自我净化后的积极努力，而不是外界的逼迫与压制。

回到话题，让学生学会自治容易被误解，因为我们这个民族多少年来被群体塑造，被强人意志裹挟，活在战战兢兢的恐惧里，人的自由精神很难得到养育，加上人的惰性，自由意志很容易被误用，这就要求教育者不断学习，不断提高自己的教育智慧，尤其是班主任，不仅要教好自己这一门课，更要成为智慧与真理的播种者。

教师先要救出自己

2017 年 11 月 12 日，湖南益阳沅江三中发生杀师惨案，一位成绩优秀的孩子刺死了一位很负责任的班主任，此事很快在微信上曝光。

其实，此类惨剧在全国时有发生，悲剧原因是多方面的，但往往都和教师在处理问题时的简单粗暴不能分开，过重权力，轻视权利，不尊重学生人格。

对此事本来我不想发言，但看到一些煽情的文章在消费社会情绪，发泄对教育的不满，尤其是文后许多教师的留言让我很是担心：以他们那种思维方式和教育方式，会不会培养出更多的自杀者和杀人者？

同时也看到一篇年轻教师的文章吐槽说，我们救孩子、救教育、救社会，谁来救我们？这个问题问得好，但其逻辑却是经不起推敲的：一个不能自救的老师说要救孩子、救教育、救社会，不是很可疑吗？

佛家说，自度度人。一个不能自度的人却要度别人，就如同一个盲人却要给另一个盲人带路，结果是可怕的。过去教杜甫的《茅屋为秋风所破歌》，读到"安得广厦千万间，大庇天下寒士俱欢颜？"的时候，我就忍不住想笑：你日子过得这么惨，却想给别人带来欢颜。知识分子应该有家国情怀没错，但首先要搞好自己的生活，活得有尊严。毕竟，道义情怀不能代替科学理性。

教育讲爱，但爱不仅是一种情感，更是一种能力。遗憾的是，许多人正在丧失这种能力，比如"扶不扶"的问题，放在一个正常社会，根本不是问题，可在当下环境却成了真问题。

这些年的应试强化，也导致校园内的工具理性泛滥，师生互为工具。一个需要师生合作的美好事业在很多地方却演出了互害的闹剧，当然，教育成功学的泛滥也催生出一些霸道教师，并成批制造奴才学生。一些教育悲剧往往就是教师打着"爱"的旗帜，干着"非爱"的事情，结果是：撒下种子，收获荆棘；播下恐龙，收获蚂蚁。

教育仅有爱是不够的，不然交给外婆就够了，来学校干吗？学校是教会学生过集体生活的地方，是社会化的地方。教育者不仅需要意志，更需要理性和智慧，要尊重每一个生命。哪怕是你厌见的那一个，你也得尊重他的存在，因为他里面的灵魂也来自神秘之处。他是有独立人格、独立意志的精神个体，与教育者是平等的。从无限的时空来说，师生只有占据时段的先后，没有大小之分。明白了这一点，教育者面对生命的时候，就要有一种敬畏之感。

周国平说："热爱生命是幸福之本，同情生命是道德之本，敬畏生命是信仰之本。"因为教育的核心是生命，是"让人成为人"的一种活动，而人是宇宙间最复杂的存在，所以面向人的教育除了讲爱，更需要讲智慧。

过去我一直在助推和实践"公民教育"，现在我要后退一步，因为这些年的许多事情使我感觉到，比公民教育更紧迫的是"人的教育"，成为一个正常人比成为公民更为要紧。

"成为人"是"成为公民"的基础。在一个古老的国度，市侩、乡愿、巨婴、小丑、英雄、烈士……都走在同一条路上，生存也有很多无奈。对个体而言，我认为先学习"为人"之道，再说为事之法，逐渐培养公民意识。

作为教育者，需要认识人性和社会，尤其是认识"中国人"和"中国社会"。

现在的教育问题、儿童问题说穿了其实也是成人世界的问题，具体来说，就是教育者的问题。出现教育悲剧，教师很容易批判体制，容易用体制问题做挡箭牌，自诉其苦，好像自己也是一个受害者。其实，受害者和害人者往往不能分开。说穿了，体制还不是由一个个具体的人构成的？教育者别说救孩子，先救自己。向内发力，使自己内心有光，然后才有辐射他人的可能。

教育者改变不了世界，也很难改变学生，你只有改变自己。当然，改变自己首先要认识自己，你要认识到自己的卑微，认识到文化深层结构的坚固，让自己醒过来，然后才能救别人。

别说墙的厚度，自己先不要成为砖头。

谁是"我们的孩子"？

　　在每年的招生季，为了招到好学生，许多学校一方面在防止自己的优秀学生外流，另一方面，也在想方设法到外地和外校挖优秀生源，甚至不惜动用全校力量，对能招到高分学生的老师进行奖励。对高分学生不仅不收学费，还可能减免学费，尤其是各地的标签化学校，问题更为突出，它们在保证自己招到优秀学生的同时，却导致其他地方教育的"水土流失"。

　　当然，各个学校也会有不少"关系生""条子生"，这些学生缴费、少缴费或不缴费，都是根据关系的软硬和利益大小决定的，而另有一些"借读生"就没那么幸运了，这些学生分数也许只差几分，也许比"关系生"还要高，但只是因为和学校的关系不够"铁"，就要缴纳很高的赞助费，中间也不排除人情费。

　　虽然国家有九年义务教育，可理念世界和经验世界往往不是那么合拍，知行往往分裂。教育资源的严重不公导致竞争激烈，百姓负担沉重。这种由体制造成的不公，相对于教育而言，可以看作教育的外部不公，而教育内部不公的存在却往往不为人所关注。

这种不公从分班就开始了。许多学校都有分"重点班"和"普通班"的传统，就是在"小考"或"中考"后，根据成绩把学生分成三六九等。现在根据《教育法》不让分所谓"重点班"了，但各种招生宣传的"实验班""宏志班""基地班"等等，其实就是"重点班"的变种，只是为了规避《教育法》。这部分学生往往缴费少或减免全部学费，并因为成绩好而受到某种优待。

美国早在20世纪80年代就放弃了这种分层次教学的方法，戴维·约翰逊与罗杰·约翰逊两位教授带着他的团队，从1924年到1980年经过半个世纪的跟踪研究，发现分层教学弊大于利。

日本的佐藤学认为："学习并不是从同一性中产生的，学习之所以形成，恰恰是在差异之中。"一个正常的共同体，应该允许差异的存在。可在亚洲尤其是中国，这种分层次教学却愈演愈烈，甚至把这种分层次教学变成了不公平对待，教师和学生都有等级，并且美其名曰："抓教学质量。"其实只是为了突出重点，结果却让另一些学生成了陪练，让他们做无谓的牺牲和让步，这些学生的教育权利受到漠视和淡化。因为这种"特色"的存在，家长们先是争抢重点学校，接着再争着进重点班也就不足为怪了。

这些年，教育在名为"市场化"实为"商业化"的路子上一路狂奔，可按照市场逻辑，缴费多应该享受更好的服务，因为缴费多自然对学校的贡献大，可这些缴费多的学生不仅享受不到什么优质服务，甚至在有些学校还受到歧视和冷遇，个别借读生自嘲为"后娘养的"，因为他们往往是借读生，学籍不在这所学校，毕业成绩不计入教师的教学奖励之中，而且教师也许会有某种潜在的考虑，担心这些借读生考得好会对本校学生构成一种潜在威胁，有些学校就对这部分学生另眼相看，一些教师在教学中往往也对这些学生采取放羊式的边缘化策略，可管可不管，影响到这些孩子的心态。

记得几年前有一次开成绩分析会，会后接到一个名单，说这几个学生不是"咱的娃"，我心理"咯噔"一下，怎么不是"咱的娃"？每个孩子将来都要走入社会，他们都是社会的孩子，是国家的孩子，大一点说，也都是"咱的孩子"。教师在教育方法上可以针对不同的个体采取灵活多样的措施，但在对学生的态度上不要有那么多分别心。对学生来说，小时候学校加诸他的种种不公会影响到他后来的为人处世和人生观念。如果孩子默认社会的种种不公，以后面对不公就不会有什么痛感，如果觉得等级与不公是合理的，自然不可能有追求公正、改造社会的冲动。

人人生而平等，这是现代文明的常识。如果没有权利平等意识，公民意识就不可能发育，会认可丛林法则，甚或自觉不自觉地制造平庸之恶，成为社会不公的帮凶。因为他们小时候的教育就是这么做的，势利的学校规范必然造就势利的孩子，而势利的孩子长大又会变成势利的大人，让社会的势利与不公进一步加剧，由此造成一个和现代文明相去甚远的社会生态。如果从小就不能接受平等、理性、包容的教育，鲁迅说的"人国"就会成为遥远的中国梦。

社会学上有个"马太效应"原则，来自于《圣经·马太福音》中的一句话。《圣经·新约》的"马太福音"第二十五章中这么说道："凡有的，还要加给他叫他多余；没有的，连他所有的也要夺过来。"我们总说社会不公，可扪心自问，学校在维护社会公平上做出了多少努力？每个教师在公平对待孩子上做出了多少努力？如果让强者愈强，弱者愈弱的"马太效应"从内部吞吃教育价值，学校就会成为教育的荒漠，成为加剧社会不公的帮凶。

老子在《道德经》中讲："天之道，损有余而补不足；人之道则不然，损不足以奉有余。"由此来看，一些学校的所谓"人道"恰恰违背了"天道"，它与真正的教育背道而驰，因为背离了平等与公正。西塞罗讲："公正的原则必须贯彻到社会的最底层。"同样，教育公正的原则也应该贯彻到学校的最底层，那就是：公正对待每一个学生。

作为学校，不能简单趋同社会法则和价值体系，要引导社会，有教育精神价值的坚守。在对教师的评价体系上要有创新，不能仅以分数论英雄，逼迫教师以分别心对待学生，放弃价值坚守。

教育价值不是一个分数那么可怜，其隐形价值是不可量化的。这种把不同科目的分数简单相加的评价方法是很粗暴的，也是颇具欺骗性的，导致教育者只看到成绩而看不到活生生的人。

对教师而言，公平对待学生不仅是一种教育的美德，更是一种教育的力量；对学校而言，能否公正对待每一位学生既考验办学者的教育智慧，也考验学校的教育良知。

辑五│向内与向外

钱理群的"绝望"与易中天的"出走"

　　最近读到两篇微信长文，一篇是关于钱理群的，一篇是关于易中天的。钱、易二人都是著名人文学者，也是教师中的大家。

　　钱理群在访谈中谈到自己的"绝望"，说自己一直都是"极端绝望的"。虽然绝望，但他一直发扬鲁迅精神，要接着鲁迅往下讲，也要接着鲁迅往下做，抓紧时间写作，这种"反抗绝望"的精神在一个金钱、权力统治的世俗世界发出夺目的亮光。

　　钱理群今年已经80岁了，为了留出更多时间专心写作，无儿无女的他和老伴于两年前卖掉了自己房子，搬入昌平新城的养老院。两年时间，他完成了七八十万字的著作，2018年出版的《二十六篇：和青年朋友谈心》和新近出版的《鲁迅与当代中国》都是写给青年的文字。在回忆自己一生的《一路走来》这本书里，钱老透露，他还要写出八九本书，虽然他已经出版了70多本书。

我们要思考的是，钱理群如此努力地写作，难道他真的绝望了？

　　按照一般逻辑，一个人如果对这个环境真的绝望了，应该不做事，混日子才是，因为一切努力就像一根钢针射入大海，或叫喊于茫茫沙漠之中，对这个世界并不能有任何改变，但钱理群似乎从来没有放弃自己，他把希望寄托于民间，寄托于青年。2002 年在不平静中退休，当时的许多媒体都不敢出现他的名字，以至于他要用假名字发表文章，但他并没有绝望，没有停下自己的行动，从下中学讲鲁迅到赴各地讲学，从笔耕不辍到支持志愿者……从立身行事看，钱理群的绝望只是一种修辞。鲁迅说"绝望之于虚妄，正与希望相同"，有令人绝望的环境，但没有绝望的人，因为人是活在希望中的，有精神支撑的人才能活在绝望的环境中，并不断地做事，鲁迅是这样，讲鲁迅的钱理群也是这样。

　　钱理群承认自己是个不可救药的理想主义者，其实真正的教师都是理想主义者；钱理群说他是绝望的，其实真正的教师内心也都是绝望的，因为教育要面对群体的蒙昧与个体的局限，不管群体还是个体，都充满了未知，就此而言，教育注定是一场难以判定胜负的精神历险，选择一种价值意味着放弃另外一种价值，之所以要做事，因为内心使命的召唤；因为绝望，也不存在失落或失败，屡败屡战，不断地冲上去，如看穿了命运的西西弗斯，这样活着，似乎只是为了证明另外一种存在，发出另外一种光芒。

钱理群的可敬在于，一个人不能对自己绝望，只要自己内心有光亮，世界也不会落入黑暗之中，至少还有一个"我"。

与钱理群的"绝望"不同的是易中天的"出走"。

才华横溢的易中天是由高中直接考上研究生的，他的才华让武汉大学前校长刘道玉厚爱有加，在研究生学习毕业后，易中天回到新疆。为了把他调回武汉，爱才的刘道玉甚至给教育部写信把易中天从新疆挖回来。

易中天回到武大后没有辜负老校长的厚爱，他辛勤耕耘，读书写作不辍，其渊博的学识和幽默有趣又有料的课堂受到学生的空前喜爱。上他的课，学生们经常是要提前占座，甚至过道里也要加凳。易中天在受到学生热烈欢迎的同时，也受到外界某种力量的排挤，甚至一度无课可上，而且职称评定上也受到某种压制，十年前他是讲师，等到他离开武大前还是讲师。才华横溢、个性鲜明的易中天只好远走厦门大学，家里老父和好友邓晓芒都挽留不住。

十几年后，因为中央电视台《百家讲坛》的系列讲座，名满天下的易中天面对媒体对他为何要离开武汉大学的追问，只是淡淡地说：武汉天气太热了，我想找个地方养老。个中酸甜苦辣只有当事人说得清楚，而易中天的闪烁其词则是因为对语境的警惕。

按说，做教师做得如此"成功"，退休安享清福不是很好吗，却要弄什么《易中天中华史》！要知道，易先生可是70岁的人了，按照马斯洛的需求层次理论，其最高需求"自我实现"这个层面早已经满足了，易中天先生还要什么？

庄子说，小知不及大知，小年不及大年。燕雀不知鸿鹄，夏虫难与言冰，要普通人理解这些大人物似乎是困难的，仅仅从儒家的"立德立言立功"层面来解读他们也是肤浅的。

我想，钱理群、易中天们的内心一定秉承着某种神圣使命，要在这人间发出某种希望的亮光，让现实和历史能够铭记：有一种意义不在当下，有一种生命的光可以穿越到更久远的时空，有一种绝望也可以化为某种不计回报的行动。也许是爱，也许是使命，也许是某种伟大的信仰。

有人说，作为教师的钱理群和易中天都是特有的，不可复制的，那么有哪一个教师的生命可以复制？

做教师不可能都有这样大的成就或"成功"，但每一个教师的生命意义和存在价值难道不值得追问、不值得珍视吗？

人是唯一寻找意义的动物，也是寻找精神归宿的动物。

不管是钱理群的反抗"绝望"还是易中天的断然"出走"，都给我们教师带来生命意义和生存策略的另一种启示。

教师要过三种生活

一个人的一生大致要面对三种生活：一是物质生活，二是精神生活，三是灵性生活。教师也一样。

物质生活关涉衣食住行，精神生活关涉文学艺术，灵性生活关涉宗教信仰。与此对应的分别是三种人生：自然人生、艺术人生和宗教人生。

第一种生活主要关心的是人与物的关系。因为人拖着一个肉体，要吃要喝，需要物质的供养，需要积累钱财，吃喝玩乐，锻炼身体，希望少一些痛苦，活得快乐自在。但一个人把如此宝贵的生命仅仅用在吃喝享乐上，其生命和动物界的其他生命其实处于同一个层面，活二百年与活七十年其实没有多少区别，因为面对 138 亿年的宇宙存在，就是活过千年也不过是宇宙年历的瞬间而已。过多的钱财堆积其实和动物积攒食物没有多少区别，但动物不会像人这样贪婪。

第二种生活关注人与自然、人与社会的关系。认识到人不应该仅仅满足于衣食住行、吃喝玩乐这些物质化的生活，不希望仅仅有一个吃喝享乐的自然人生，不愿像植物或者动物那样活着，希望人生有一些意义，有一点追求，有自己的所爱所恨，要有个人理想或社会理想，让人生变得有意思，希望在自然或社会中找到自己存在的价值。

中国传统价值观的"立德""立功""立言"就是这一类的追求，虽然中国古人号称是"三不朽"，但物质世界中哪里会有真正不朽的东西？文明也是有周期律的，伴随世界的沧桑变化，有些东西被淘汰了，有些东西留了下来，比如孔子的思想、耶稣的福音、修昔底德的历史、莎士比亚的戏剧、雨果的小说、毕加索的画……能够存留到今天，说明他们的主体精神还活着。一个人的肉体消失了，他留下来的精神财富，不管是文学还是艺术，如果还在影响这个世界，还在社会上流传，其实他就没有死。肉体的生命是有期限的，是会枯竭衰亡的，是有保质期的，但一个人的精神生命比肉体生命更长久。人的肉体是物质构成的，而支撑这个肉体的则是内在的精神，正是精神的追求把人和普通生物区分开来，也让人成为人。死人的墓碑其实是立在活人心中的。

第三种人生关注的是人与自我、人与存在的关系。着眼于认识自己，寻求世界本源和对人生的终极关怀，关注彼岸世界，思考灵魂的归宿，寻找精神的家园，有生命的超越境界，追慕永恒。

每个人都会有疏离感，就是尘世的一切都难以满足自己。

我们常常会有这样的经历，就是把一个人放在任何环境中都会产生不适和局促感，都会渴望其他的环境或其他的生活。这种情况的最可能的解释是：确实存在一个超然的世界等候着我们，或者说，我们每个人都是为另外一个世界而存在的。世间只是驿站，只是回声和影子，一定存在一个故乡，我们每个人都来自那里，将来也要回到那里去，并且到那里去"交账"，要被"清算"和"审计"，由此让尘世的生活具有了意义。由于对宇宙人生有敬畏感，道德感也由此建立起来了。如果没有一个超然的存在，没有终极关怀，那么肉体的死亡就是精神的终结，道德，也就失去了依托。

人性的分裂在于，人身上既有兽的一面，也有神的一面。肉体生活是兽的生活，精神生活是人的生活，灵魂生活则是神的生活。人性只是桥梁，是兽与神之间的桥梁。人性的发展提升，就是在多大程度上摆脱了兽性而趋向于神性。

大多数人满足于第一种生活，少部分人满足于第二种生活，只有极少的人坚持过第三种生活。但是有追求的生活并不是要用第三种生活压抑前两种生活，或者用第二种生活压抑第一种生活。每个人对生命的认识不同，生活选择不同，生命境界当然也不同。

必须承认，人性相同，但人是不平等的，每个人的禀赋不同。人类追求公平，但世界却是不平等的。平等，不过是人类的幻想，也是人类堕落的结果。

平等的表象背后其实是一个等级化的世界。《动物庄园》里说："凡动物一律平等，但有些动物比其他动物更加平等。"

这个世界，没有什么是平等的，只有死亡是平等的，死亡拉平了一切差距，也让活着的生命显示出宝贵的价值，要珍惜时间，要看顾好自己的生命，因为生命是世间最宝贵的器皿。

三种不同的生活，对应的是不同的生命，在历史存在中没有高下之分，因为人有选择自己生活的自由。一切都可行，但不是一切都造就人，不是一切都有益处。人不会满足于此世此生，还应该有更高远的渴望和追求。人类真正的家园也不会在这个世界，一定会在外太空，但航天飞机是到不了的，只有灵魂可以到达。

战胜内在的恐惧才有外在的自由

帕尔默写《教学勇气》这本书的时候，已经是一个在大学讲坛上站了 30 年的老教师，从书中看，他当时也有失败的经历，有改行的想法，面对课堂的死气沉沉，也会有莫名的恐惧。

想想我自己，虽说混迹教师队伍已经 30 多年了，有时也会冒出逃离的想法。当你好心好意准备的教学内容不仅不被接受，有时还会遭到误解，甚至被投诉的时候，你也会产生莫名的忧伤和恐惧：到底是我个人出了问题，还是学生出了问题，抑或是内容选择出了问题？

我也遭遇到和帕尔默同样的窘境，有一种内心的郁闷甚至恼怒，有时会停下讲解，待乱嚷嚷的学生静下来我再讲解，但你一开始讲，他们又开始乱说，你提出一个问题认真地请他们回答的时候，他们却是说不出半个字，面面相觑。

当我把自己的遭遇讲给几位同事的时候，他们竟然也遭遇到和我一样的困境：因为我们均带了一个学习习惯和成绩都较差的班级，而这几个班级的情况也都差不多。

记得刘良华老师说过：优秀教师应该始终处于一种逃离的状态。引用这句话当然不是为自己的遭遇辩护，而是确实不断会有"老革命碰到新问题"的情况。我认为，刘老师说的这种"逃离"，只是一种精神状态，不是一种事实，而是有一种良心的"痛感"，是反思自己和学生，反思教学过程，也反思教育和整个文化环境，不断处于一种纠结、矛盾、调整和妥协之中的良心运行状态。

事实上，越是热爱教育教学的老师，痛感越是强烈，因为他们的良心没有睡眠，人性发育更为良好。这也符合自然界的规律：愈是高级的生命，痛苦感愈强。

因为对教育的爱而产生的痛苦是内伤，也是优秀教师成长的因素，没有痛苦的滋育，精神也难以走向高处。痛苦可以让教育者放下自我，反思自我，从中国文化的这种自我中心的人伦哲学中抽身而出，从而抵达更高的境界。

我们普通教师遭遇的情况，帕尔默也遭遇过，看来中外教育所遭遇的也很相似，因为人性是相通的，虽然制度有差异，不管白人、黑人还是棕色人种、黄色人种，都有一个共同的出处。作为一个有经验的教师，所遭遇的教育困局，这不是我们的教育教学"技术"出了问题，而是教育的各种因素之间出现了断裂，因而出现了张力，尤其是在我们这种大一统的、标准化的教育教学模式中，有太多的不可预知的问题。

战胜内在的恐惧才有外在的自由

　　教育者的职责似乎就是为学生而存在的，给学生传授知识，引导学生的行为和价值观，其实，在教育学生之前，教育者首先需要认识自我，看到自己内部的景观。因为我们生活在内生态与外生态的交杂互动中，外生态会影响到教师的内心世界，而更重要的是，教师的内生态会给外生态带来活力，注入能量，并带来改变，所谓"境由心生"，指的是，你看到的世界，其实就是你自己内部世界的投影。

　　但如何认识自我呢？事实上，你越是认识永恒，你就越是认识自我；而你越是认识自我，也就越是认识永恒。因为每一个有限的个体都要面对无限的永恒。认识自我，不仅要认识自我身体方面的特点以及与他人的不同，同时要认识自己内部的景观，以及灵魂的走向。深入一点去说，宇宙的精神本体天然就是每一个个体灵魂的归宿。借用《暗淡蓝点》的作者卡尔·萨根的话说，教育，需要"把家园建在外太空"，这样，才能把一个人内心做大。

　　认识人，认识学生，认识世界，从认识自我开始，只有认识自我，才能更清楚地认识教育。

　　探索教师内部世界的景观意味着认识自己。认识自己既是认识世界的起点，也是认识世界的终点。荒谬的是，你会发现，通过自己根本无法认识自己，因为自我中相当大的一部分是神秘的，来自我们无法明白、无法理解的不可知世界。按照弗洛伊德的心理学理论，人有本我、自我和超我三部分，要认识自我，必须超出自我，走向"超我"，与那个无限永恒的"我"连接，才能真正认识"自我"。

我们每一个生命都是两种永恒之间的闪光，都是"前不见古人，后不见来者"，就是活 80 年，在宇宙年历（就是把宇宙存在的 138 亿年化作一年计算）中也不过 3 毫秒。

认识自我，意味着要找到自我的源头。找到了这个源头，你似乎接通了宇宙的电流，和大道成为一体，在这个看得见的世界中，你发现了一个看不见的世界，那是世界的本体和归宿，而我们沉溺的世界只不过是个驿站而已，转转不停，没有什么恒久价值。在任何一件小事情上看到永恒，也就看到了教育教学的真正意义，你也就不会在意那些转眼成空的东西。

好的教师应该具有联合能力

帕尔默这句话让我想起了凌宗伟先生"遇物则诲，相机而教"的教育风格，这种风格不仅在于能够抓住稍纵即逝的教育机会，而且是"联合能力"的体现，这是一种教育智慧，就是能够把环境、时间、教材、学生、教师、当下以及古今中外发生的相关事件等各种因素综合起来处理，这就是"联合"。

其实，教师在教育教学中，常常处于一种穿针引线的角色，就是把各种因素联合在一起，就像厨师一样，把各种菜蔬和调味品用恰当的方式"联合"起来，成为美味佳肴。课堂也是这样，教师需要调动各种因素，恰当使用"联合"能力，这对教师的学识、个性、价值观以及由此形成的教育教学风格也提出了挑战：如何更适合学生？如何使课堂更完美？

比如，有一次讲《琵琶行》，我介绍作者白居易时就谈到"灵感离不开性感，诗意和失意相伴"，同时联系洪迈的《容斋随笔》讲到唐代社会的开放与包容，文人学士的风流；讲《鸿门宴》也问过学生：为什么项羽和刘邦不组建一个联合政府，却不断争夺，让无辜的百姓卖命？为什么中国人总爱当"老大"，缺乏合作精神？进而会讲到中国文化心理中的大一统思维……所以，课堂上应该讲什么，可以讲什么，在于教师的自我选择，当然也离不开自己的教育理念、教育价值的引领。

文本其实是一个"空的筐子"，装什么，在作者，也在读者；同样，课堂，也可以成为一个"空筐"，能够讲什么，"联合"什么，调动什么生命元素和知识元素，在于教育者的知识修炼、人格修炼和精神修炼，当然也需要智慧和勇气。

教育者内心要有一面镜子

在一种不自由的教育教学环境中，教育的评价操控在外界手里，教师只是操盘手，教师往往会担心他自己的某种做法不合乎外界的要求，或违背某种教育教学传统。这种恐惧来自外界的某种高压，导致教育教学的某种选择不是出于自己的内心，而是出于对外界的恐惧，这种情况很容易导致教师自我的碎裂。教师的内心冲突很容易投射到教育教学中去，成为"踢猫效应"的实践者，把外界加诸自己的压力转移出去，导致"平庸之恶"的发生，教师也很容易成为一个文化侵犯者、教室里的统治者甚至独裁者，这样的教育教学很容易变成战争，就是不管形式，不考虑人性，只在乎结果。

记得几年前，我在高中课堂上每周放映一些教育电影和优秀视频，很受学生欢迎，学生的考试成绩也没受影响。这个事情辐射到其他班级，其他班级的学生就要求他们的任课教师也放电影，但因为他们的老师是位年轻教师，又是不久前被校方"约谈"过的，所以就不敢放，她来请教我。我就鼓励她大胆放，为了克服阻力，我就让她布置一篇观后随笔。后来她把几个学生的随笔拿给我看，写得确实不错。其实，教师的个性特点不同，也应该鼓励教育教学行为的百花齐放，不应该只有一种模式，怎么教最合适，最有效，教师最有发言权。

真正的力量来自我们内心

有一年冬天，好不容易下了一场小雪，看着学生兴奋的样子，我就大胆把学生带入操场，在那个星期六的早上，好好地玩了一节课，学生们玩滑雪、堆雪人、打雪仗，没有一个躲在教室里的，虽然我也给了他们自由选择的权利，但所有学生都齐声欢呼。虽然惊动了校方，也受到了批评，但我们还是玩得很嗨，也很高兴。

我的理由是：我的课堂难道我不能做主吗？我甚至还把学生在操场上打雪仗、堆雪人的图片在微信朋友圈发出，许多家长看到后，不仅没有意见，还很支持和赞成。后来许多学生在随笔上写了此事：没想到十二年的求学生涯，竟然在高三的语文课上美美地打了一次雪仗，真是人生难忘的经历。

我想，高考语文考的是学生十二年的生命积累，哪里在乎这一节课？难道生命的快乐没有价值吗？学生们离开学校之后，可能把所有的课堂以及课堂上学的知识都忘了，但是经过的一些好玩的事情会留下来。这样的选择也是我自己认同的结果，不用考虑外界的因素。

事实上，我们许多教育教学的选择，表面上是害怕过不了外界这一关，实际上是害怕过不了自己这一关——如果一个人还有自我的话。按照《中国文化的深层结构》的作者孙隆基先生的说法，中国人缺乏自我组织能力，必须由外界来组织，这是依附性人格的反映，也是中国文化的"造人工程"偷工减料的结果。依附性人格无法完成自我组织，必须由外界组织，由他人说了算，谈"自我完整"似乎勉为其难。所以，教师在一些教育教学行为的取舍上，首先需要自我的认同，需要战胜内心的恐惧，过好自己这一关。

在《教学勇气》第一章里，作者结合捷克总统哈维尔领导的天鹅绒革命成功的例子写道："拯救人类世界的力量不是别的，而是人们的心灵，在于人们思考的力量，在于人性的亲和与人类的责任感。"事实上，真正的力量来自我们内心，内心的力量可以战胜外界的恐惧，使我们走向教育的自由。教育作为提升人性的温和力量，最需要的是心灵的完整，这个完整自然包括心灵的勇敢。对于社会的进步，与其期望制度的改变，不如期望我们内心的改变，如爱默生所言，真正的革命其实发生在人们的内心深处。没有内心的改变，制度改变只不过像水面上的涟漪，并不能带来什么社会的变化。只要从内心放弃一种糟糕的制度，那么它实际上在人的里面已经垮台，代之而起的是人性的自由。

日本思想家福泽谕吉说过：一个民族要崛起，需要三个方面的改变，第一是人心的改变，第二是政治制度的改变，第三是器物的改变。这个顺序不能乱，日本就是按照这个次序一步步学习西方，逐渐实现整个国家的进步与改变的。教育学者吴国珍老师（《教学勇气》的译者）也说过"心灵突围奠基制度突围"的话。一种制度要改变，首先是人心的改变，是人心决定了制度，反过来，制度也会影响人心。

所以，教育行动需要心灵的突围、精神观念的突围，最重要的，是战胜内在的恐惧。

艺术人格与世俗人格

　　我们读过很多作家的作品，不管诗歌、散文还是小说，成熟的作家，其作品往往是个性化的，往往会带有作家个人的影子，因为文来自于人，文也反映人，作品容易成为作者的精神面孔，但如果用作品对作家本身进行简单的道德判断却是不靠谱的。

　　传统文学评论中往往以为"风格即人""诗品出自人品""诗如其人""文如其人"，其实这是一种误解。文与人的关系是非常复杂的，并不是可以简单进行同构对应的，因为人性复杂、诡诈、多变，发端于人性的语言自然也是复杂、诡诈、多变的。事实上，语言在表现自我的同时也具有某种人格精神的障蔽作用。这一点，美国作家房龙认识深刻，他说，人类的各种发明中，没有比语言更具欺骗性的了。

　　作家在作品中表现出来的人格我们不妨叫"艺术人格"，而在现实生活中表现出来的人格我们可以叫"世俗人格"。艺术人格与世俗人格往往并不是统一的。

人格往往呈"冰山结构"，水面上的是看得到的，水面下的更大一部分，往往是看不到的。作品也一样，任何作品其实都在表现作者自己，其风格特点、人格追求、道德良知……都会在作品中显影。作家通过语言表现出来的相当于冰山中露出水面的部分，而没有表现或不能表现的相当于水面下的部分。在写作中，作家为了自我保护，不让读者看清自己，往往会有一些伪装或"变形"，甚至有一些言不及义的"分裂"，这都是符合人性的，也是一种动物本能。

在动物世界我们知道有变色龙，有可以变换羽毛的鸟。

语言也是人类的精神羽毛，灵活多变是其本质性的特点，因而语言和人的关系就变得格外复杂，语言不一定是精神的外壳，也可能成为精神的伪装。

文章好并不代表作家的人格一定就是这个样子。歌颂崇高，作家不一定高尚；批判黑暗，作家不一定光明；不与世俗同流合污，作家不一定守身如玉……

比如，大诗人李白，写了很多傲视权贵的诗歌，最著名的就是中学课本上的"安能摧眉折腰事权贵，使我不得开心颜"一句，但如果就此判断李白一定就是人格傲岸，不趋附权贵，那就错了。事实上，李白在闲居襄阳的时候就给当地权贵抛媚眼，写"自荐信"，卖弄文采，希望得到重用。他有一篇脍炙人口的名作《与韩荆州书》，开头就是："生不用封万户侯，但愿一识韩荆州。"他想认识韩朝宗干什么？因为韩朝宗就是荆州大都督府长史兼襄州刺史，而且还是山南东道采访处置使，属于职场达人，曾经为朝廷举荐过不少人才，李白结识他的用意不言自明。

李白一直都想通过仕进来实现自己的政治抱负，但"政审"不合格，因而他总想着走一条终南捷径。在后来的出蜀浪游中，每到一地，他都和当地的达官显贵们吃吃喝喝、拉拉扯扯、厮混在一起，以至于刘大杰先生认为他就是一个"高级混混"。尤其是被唐玄宗看重、成为宫廷诗人之后，在长安城纵酒作乐，写了许多摧眉折腰事权贵的诗歌，甚至把唐玄宗比作"太阳"。

一说起唐朝诗歌与文化，我们自然会想起李白这个文化符号，其实文化史上有很多误读，导致我们看到的人物和实存的人物之间往往是南辕北辙的。

比如英国散文家培根，我们在《培根散文》中看到培根的人格精神，非常高尚，但是了解培根的人都知道，他为了爬上高位而出卖朋友，把朋友送上了断头台，最终因贪污受贿被人告发，坐了几年的大牢。他的人格并不像他在文章中表现的那样纯洁高尚。

美国作家杰克·伦敦，少年时就无恶不作，是一个"问题少年"，其父是个酒徒，每天除了酗酒就是打骂老婆。杰克·伦敦从小没有受到良好的教育，十几岁时就做了当地海盗的小头目，腰插手枪带一拨人趁夜偷抢渔民，后来又到法国边境乞讨，他能够飞身爬上当时世界上最快的火车，简直就是一个"飞车党"。后来他到阿拉斯加淘金，结果黄金没有淘到，倒是写出了许多脍炙人口的硬汉小说。杰克·伦敦的传奇经历，并不妨碍他写出那么多优秀小说。

再比如，写出过《羊脂球》《菲菲小姐》《一生》等著名作品的法国小说家莫泊桑，他塑造的羊脂球和菲菲小姐，都很有正义感，用今天的流行语说，就是充满爱国主义的"正能量"，而莫泊桑的生活其实污浊不堪，他一直混迹于巴黎上层社会，过着糜烂腐朽的荒淫生活，最后染上了不治之症导致中年早逝。

其他的像拜伦、雪莱、托尔斯泰、罗素……还有某些伟大人物，就不说了。

不仅仅是文品和人品不能简单对应，文字风格与人的性格也不能简单对应。

青年作家韩寒曾在微博上非常活跃，你看他的文字剑拔弩张甚至糙话连篇，但是，你要和他面对面交谈，会发现他其实是很温和、很有礼貌甚至有些腼腆的帅气青年。

中学六年，我们学过许多鲁迅作品，给人的印象，鲁迅就是一个硬气、尖锐、倔强、冷峻、不好接近的人。"横眉冷对千夫指，俯首甘为孺子牛"，用这一句话概括鲁迅精神，带来一些对鲁迅的误会。

其实，鲁迅的作品表面是"冰"，内在则是"火"，他的作品把"冰"与"火"这两个极端对立的东西都辩证地统一了。鲁迅的文字表面上冷，内里有大爱，有大慈悲。他说："无穷的远方，无数的人们，都和我有关。"据许广平回忆，鲁迅有时候终日无语，搞家庭冷战，给许带来很大的心理压力。有时候又非常天真可爱，说话多，很幽默。

曾经攻击过鲁迅的青年作家高长虹回忆："我初次同他谈话的印象，不但和人们传说中的鲁迅不相同，也不像《呐喊》作者鲁迅……他写文章的时候态度倔强，同朋友谈起话来，却很和蔼谦逊。"日本作家增田涉也同意高长虹的看法，他说："我的印象也完全相同，文章中看到的鲁迅和直接对谈的鲁迅情况不一样。没有严厉的脸色或话语，常常发出轻松的幽默，笑嘻嘻的，（显得）胸无城府，和他一道面对着，我没有感到过紧张。在文章中看到的俏皮和挖苦，连影子都没有，倒像是个孩子似的天真的人。"中学教材上收入萧红的《回忆鲁迅先生》就是为了让学生了解一个真实的鲁迅，还原鲁迅的本来面目。

虽然鲁迅说过："从喷泉里出来的都是水，从血管里出来的都是血。"但他也说过："我所说的话，常与所想的不同。"为了别人好受一点，也为了自己不至于陷入无边的"大黑暗"中，就是伟人如鲁迅也不能把自己完全暴露出来，语言上也需要一定的"分裂"和"装修"，何况普通人！他们的言、行、思不分裂一点，不适当伪装一点，在一个波诡云谲、人心难测、无天无法的世界怎么活下去？

传统文化强调的"知行合一"只是一种教育和做人的理想境界，事实上是很难办到的。

有鉴于此，我对中学语文考试中的各种命题，诸如"表达了作者怎样的思想？""作者为什么要这样写？""从中能看到作者是怎样一个人？"等等，充满了怀疑和畏惧，更不可思议的是，这样的题竟然还有"标准答案"！

优秀教师为何"墙里开花墙外香"？

　　接到一个教师朋友的微信诉苦，说他课上得好，又爱读书，考试成绩优秀，就是不爱巴结领导，也不善搞人际关系，工作十八年了，依然评不上职称，而那些溜须之徒却如鱼得水，都成了当地的代表人物了。他说自己在外面的影响不错，也常被外地邀请，但在本校却常遭冷遇，而他其实很想为本校做点事情。

　　这其实是社会常态，也很符合审美规律。远看月亮是块玉，上到月球是块石，一点看不到多美，更不会有吴刚、嫦娥、玉兔的传说。拉开距离容易产生审美，近距离则容易产生歧视。人性脆弱，是经不起精细打磨和透视的。普通人具备的缺点，杰出人物其实也具备。许多大人物被社会崇拜着，却被身边人歧视，甚至受到排挤。相熟产生轻蔑，这个你是没有办法的，因为人性脆弱、复杂、多变。每种社会环境都存在一种异己的力量，你必须和这种力量斗争，才能有最大的可能找回自己。

一个人的成长，其实也是寻找自己、完善自己的过程，但并不一定要让周围的人都说你好。

有一句很励志的话："山峰，对外界是风景，对自己则是高度和挑战。"如果觉得你的方向是对的，就坚持下去。事实上，当一个人向自己的目标全力奔跑的时候，整个世界都会为他让路。

汉语中有一个词叫"安分守己"，这个词在当今社会应该不是一个贬义词，因为上升是一种生命本能，守住自己才需要修炼。当然，一个人需要对自己的发现，是鱼就去游水，是鹰就去飞翔。

尼采说："你飞得越高，在那些不能飞翔的人眼中越是渺小。"人是社会动物，社群不会容许个体抛开他们独自行走。这和西语故事里记载的"先知不被家乡悦纳"是一样的道理，虽然优秀的个体不一定就是先知，但往往具有先知的素质，他们往往是被提前降生到这个世界上来受罪的，也是为义而享福的。

诗人戈麦自杀前留遗言说："活着，就得学会忍受，你得承受真理像妓女的裤子一样乌黑。"

人生需要等待，更需要容忍，有时候，你得容忍凡俗众生对你的不接纳，但这并不代表你不优秀。木秀于林，风必摧之，你的行事原则如果和普通人不一样，必然会招惹不一样的眼光，关键是你能不能在看清外界的同时，不放弃自己的方向。笼子里养不出老鹰，花盆里种不出大树，像树一样成长，必然要接受雪雨风霜。

生命都有同样的遭遇，历史也有惊人的相似之处。西方人说，太阳底下无新事。

基督教创始人、犹太人耶稣在传教活动中，一度回到家乡拿撒勒弘扬己道，但并不能被家乡人理解，人们动不动就是"那个木匠的儿子"。耶稣叹息说："没有先知在自己家乡被人悦纳的。"耶稣不仅不被悦纳，而且被冷落，被告密，受到犹太正统知识分子的排挤歧视，最后被罗马总督彼拉多钉死在十字架上。耶稣不仅死于本族人之手，其教义最后也在本族人中失落。基督教后来传遍世界各地，其经典《圣经》被翻译成一千多种文字，但只有犹太人拒不接受。欧洲后来的全面"排犹"乃至发展到希特勒时代的极端化"排犹"也与此有关。

再看看佛教创始人释迦牟尼，虽然没有像基督耶稣那样殉道而死，但他的教义遍布整个东亚，而在印度次大陆却趋于衰亡，佛教徒在印度的人数非常少，大部分人信奉的是印度教。

孔子有"道不行，乘桴浮于海"之叹，老子出关远遁，苏格拉底在雅典被杀，摩尼在波斯遇害……所以，先进的文化，先进的思想最初往往都会被社会流俗抵触，会被熟悉的环境排挤，容易让真正优秀的个体陷入一种文化的孤独，这个很正常。

历史中，天才被当作傻瓜，而在现实中，傻瓜往往被当作天才。这不是荒诞，而是一种真实。

自然竞争，优胜劣汰，淘汰的是弱者；人际竞争，优汰劣胜，淘汰的往往是强者。

鲁迅说："造化常常为庸人设计。"《圣经·传道书》上有"我见过仆人骑马，王子像仆人在地上行走"一类的话，似乎是造化的有意安排，体现出一种凡俗众生无法参透的大智慧，"愚昧人立在高位，富足人坐在低位"（《传道书》）的历史现实，中外皆然，否则，文学史上不会有那么多"怀才不遇"的吐槽诗歌。

许多优秀的个体往往在本地并不受待见，甚至遭到歧视、排挤或打击。这有人性的弱点，也有文化制度的因素，当然，也可能和人的个性有关，因为没有人是完美无缺的，免不了会有这样那样的问题，关键是能不能认识到这一点，并保持自己的优秀。如果被社会流俗中那些异己的力量同化掉，说明自我还不是那么坚强，或者内心有恐惧，还不能勇敢地站在大道一边。

陈寅恪说："一生负气成今日，四海无人对夕阳。"这是一种孤独的壮美，也是人格追求完善的必然遭遇。

陈子昂说："念天地之悠悠，独怆然而涕下。"这种精神的苦况是无所依托、无家可归的孤独。

爱因斯坦说："我从未悉心属于我的国家，我的家庭，我的朋友，乃至我最亲的亲人。在这一切面前，我总感到有一定的距离，需要保持孤独，这种感受正一年比一年强烈。"

看清了这一点，你就可以坦然活着，因为每一个人的生死都是自己的事，与他人无关，外界顶多是一种背景。优秀会遭遇各种挑战，有自身的，也有外界的。

我们常说"热爱生活"，其实，你只能热爱自己的生活。每个生命都是孤独的，不管生还是死，都须独自面对。那些优秀的个体往往更加孤独，这大概也是人格完善的表征，区别在于，普通个体容易找到价值同类项，而优秀个体的精神差别太大，与共同体难以兼容，孤独就是他们的宿命。这也符合自然界的规律，驯良动物喜欢群居，而凶猛的野兽则独来独往。

活到一定时候，你会发现，一个人最后不是与世界和解的，而是与自己和解的，在"自我"与"他我"的交战中，最终成了自己的朋友。

对世界的态度，可以交换友善，也可以交换轻蔑。是活在自己的天空还是活在他人的地狱，是宽容还是直面，都在于自己的选择。毕竟，人生不如意事十之八九，别人能够接纳自己，当然好；不接纳，又能怎么样。

当你看到历史与现实中那些卓越超群的人接受过或正在接受地狱的烈火，你那点现实的不如意又算得了什么？

活着，需要用力，没有哪一块纯金不经过火的淬炼。

中小学校园里的"穴居人"

　　"穴居人"也叫尼安德特人，他们是冰河时期的王者，生活于20万年前，拥有了与现代人几乎相同的大脑。他们曾经和现代智人一起生活在地球上，随着地球环境的变化和"穴居人"与智人之间的生存竞争，智人留了下来，而穴居人却消失了。奇怪的是，近些年，"穴居人"却突然崛起于中国大陆的一些中小学校园里，他们有一个共同的名字叫"强者"。

　　德国一位心理学家把这些强者叫作"穴居人"，他认为，强人们把自己控制的范围看得好像是一个洞穴，自己是这个洞穴的王者，洞穴里的事完全由自己掌控。这样的"洞穴"可能是一个学校、一个年级、一个班……在自己的地盘，"穴居人"不允许他人表达自己的观点或建议，必须约束每一个下级的意志，一切行动必须围绕着自己去转，自己的意志就是这个"洞穴"的思想，任何意见都是对这个"洞穴"生态的破坏，也是对自己的挑战。不过，他的洞见和能量仅限于这个"洞穴"，"洞穴"外的世界他则所知有限，一旦和"洞穴"外的世界发生关联，不仅左支右绌，甚至会表现出巨大的无知。

中小学校园里的"穴居人"容易把一个小共同体当作自己温暖的"洞穴"，在这个"洞穴"的价值空间里，他们有强大的自我实现冲动，也有强大的自我利益冲动，于是，权力就成了他们支撑脆弱自我的拐杖。在当权之初，他们热血沸腾，精神振奋，希望烧出三把火，以证明自己的能耐，甚至为了实现某个目标成为不切实际的理想主义者，为此不惜得罪昔日的朋友或同事，工作起来如打了鸡血一般，甚至也希望下属像自己一样"忘我"。他们在扩展自己生命能量的同时，却遏制了其他人的生命能量，导致许多生命之花萎谢。

他们往往很威严，其实内在自我早已坍塌，丧失了自己做人的尊严，一旦看到尊严依然存在于下属身上，他们便拼力抢夺，并在控制他人的意志中显出权力的力量。他们不知道"我是谁"，但却要你认识"他是谁"，于是"评先"设限，恩惠设限，职称设限，上升设限……如崔卫平老师所言，给你一杯水喝，也要往里面吐一口唾沫，你喝还是不喝。有人说，上帝关上一扇门，就给你开一扇窗，但"穴居人"会把这扇窗变成一个狗洞，你钻还是不钻。

他们打压一个群体的活力，却认为自己在严格管理，认真做事。他们不希望你伸展自己的意志，只希望你按照他们设计的路子做事。个体的意志对他们是一种恐惧，只有在他们设计的框架里他们才不会有失控感。

在他们心目中有一种潜意识：我是管理者，我比你位高权重，我比你年龄大，或者我比你职称高，我比你资历老，你就应该看我的脸色，却忘了自己的脸是"二皮脸"还是"五花脸"。

他们认为把一个共同体管乖了、管顺了，就是自己的"本事"，却忘了一点：当你把一个文化共同体管得听话顺从的时候，其实是对一个民族的犯罪。因为严格和"阉割"有很大的相似性，当一个共同体的精神意志不能向高处攀升的时候，冷漠就会成为一种集体无意识，堕落就是一种共同体的精神选择。

人是社会动物，都会有一种群体意识，希望自己的思想受到外界的尊重，自己的建议受到群体的关注，当一次一次的希望最终破灭，一个人心已灰死，那么这个人其实已经被谋杀。

中小学的"穴居人"也可能是一些"学术权威"或标签化人物，一旦被贴上某个标签，他们以为自己就是这个标签，当自己的影子比别人长了一点，就以为自己比别人的个子高，却忘了光源的位置。用身份的标签遮蔽自己内在的荒凉，用虚假的自我博得外界的好评。看得见别人眼里的刺，看不到自己眼里的梁木。观点博弈有时候会变成道德审判，因为他们总希望"我的地盘我做主"。一旦不能做主，就会产生巨大的失落。

中小学的"穴居人"往往是自我破裂之人，他们做错了事情不会承认自己的错误，而往往归罪于更弱的下属或他人，也不会向他人道歉，这种病态自恋很难让他们和外部世界建立起有意义的链接。在他们心目中，外部世界有太多的恶意和敌意，所以必须防止自己的秘密外传，好的教育教学的策略不能分享，资料秘密不能外传，搞教育就是在进行一场荣誉和利益的战争，于是教育变成了"战线"，教师成为"队伍"，学校化为"阵地"。在他们的语言系统中，有太多的战争语言，比如"奋战""拼搏""打造""胜利""攻占""突围"……很少使用"爱""同情""包容""柔软""谅解"等词语。当他们使用战争语言的时候，内在精神的粗陋、语言的贫乏、修养的肤浅和制造焦虑的本领暴露无遗。

也许在他们心中，人生就是一个赛场，要分出个胜负；学习就是爬树，应该有一种竞争；教育就是战争，非得拼个你死我活，所以对一些展示学生成绩的"光荣榜"上赫然出现"多得一分，干掉千人"的标语，他们也毫不在意。他们说要"提高战斗力"，"打好升学这场硬仗"，考试时对学生要"严防死守"，成绩宣示会上说某某班"异军突起"，说某个学校的竞赛几乎"全军覆没"，本次考试的"英雄班级是……"，要让教师之间加强"合作"，不能"单兵作战"，尤其是有经验的老教师要形成学校的"英雄联盟"，不要耍个人"英雄主义"；迎接上级检查要"全民皆兵""出奇制胜"，对个别谈恋爱的学生不能"打草惊蛇"，但也不能"警惕太甚""全民皆兵"；考完试鼓励学生时动不动说，"胜败乃兵家常事"，"没有常胜将军"，"要总结失败教训"，"胜不骄，败不馁"，"迎接下一次的挑战"……教育在他们那里变成了一场战争。

他们也很关注教育，但总是把问题抛给制度，在谈到自己的一些违背教育教学规律的行为和做法的时候，往往也是两手一摊："没有办法啊，上面逼我这样做。"这似乎有把个人的问题推出去的危险，似乎自己也是制度的受害者，只是上级意志的执行者，只要说制度问题，自己就可以躲到安全地带，这种"平庸之恶"的持续发生不断加剧教育生态的恶化。

可他们忘了，每个人都是制度的一部分，每个人都是墙的一块砖头。教育问题，最终还是人的问题——在家里就是父母的问题，在学校就是教师问题，在管理金字塔里就是领导的问题——每个教育场中的人都是制度的一部分。教育者不改变自己的价值观，不提升自己的认识水平，不强化自己内心的力量，被那些外在的功利盘算所挟持，自己大乱方寸，又不断制造新的教育问题，强化恶性竞争，最后把不幸都转嫁给无辜的孩子。

他们说外界逼我、歧视我，我不这样做就没有饭吃，他们把分配原则的"不劳动者不得食"神奇地转化成"不听话者不得食"。他们的内心以外界为敌，其实外界并没有哪里可怕，外界的敌意其实是自我内心敌意的投射。即便在应试竞争中有挫折，也并不代表自己的教育就是失败了。教学成绩有高低，短期的教育从来无法判断胜败。教育需要放眼远望，看到三五十年甚至一二百年以后的光景，因为教育是根的事业，高考的"花开满树"是不是就意味着时光流转之后的"果香满园"？考入名校的名额从来不代表一个学校的教育成绩，只代表一个学校的训练水平，而这种训练水平受制于学生的天赋。

争强好胜本就是"类人孩"思维，也是"穴居人"思维，看不到"洞穴"外的世界。

人，需要一个空间，将自己完全展开，将内在的种种想法投射到外部世界上，在内外的互动中淬炼自我，提升精神，但洞穴的空间太小，又容易被权力破坏，所以洞穴很难成为"家园"，"洞穴人"除了利益冲动其实也没有精神家园，空虚与无聊也是面对自我时的真实境况。

一个人的强大不在于他的身份地位、钱财名利，而是他的内心能量；一个学校的强大也不在于它的校园环境、升学成绩，而是它有一群以教育为志业、价值观靠谱的教育同人，而不是不断增加的"穴居人"。

"比"风不除，教无宁日

本来，"比"是人类的天性，也是一种游戏。比如奥运会的各项运动比赛，就把人类具有的攻击性力量变成一种游戏，也让世界各国用这种身体游戏代替血腥的战争，也更加成为一体。

古代中国长期处于封闭社会，鸡犬之声相闻，老死不相往来，更多处于比较从容的状态，不知有汉，无论魏晋，中国就是天下，天下就是中国。

自从近代连续的挨打之后，乡土中国的心态发生了变化，看到自己的落后，"比"和"超"的民族情绪不断强化，文化知识界从器物到制度再到文化各个方面不断反思，渐渐也出来了一些理论和"主义"。

中国一百多年的发展也是走着一条和西方比赛进而争夺话语权的路子，经过几十年全民拼搏，现在的 GDP 总量世界第二了，当然也逼出各种很二的"比"。改革开放前是比穷、比出身、比意志……改革开放后，逐渐形成各种新式"比"法，颠覆了过去几十年的价值观，诸如比吃、比穿、比享受、比富裕、比车子、比房子、比位子、比孩子……反正乡土中国总喜欢对什么都分出个高低贵贱来，这和尊儒有关。儒家宣扬的"天有十日，人有十等"的这套把戏和专制体制一结合，便力量无比。

流风所及，教育也"比"分盛行。这些年，随着新课程理念的鼓噪，各种花花绿绿的妖风也吹皱了学校的一潭死水，感受最深的是，从小学、中学乃至某些大中专学校，形成各种比赛，比如教案比赛、说课比赛、上课比赛、卫生比赛、纪律比赛、综合素质比赛、班级面貌比赛……不可思议的是，竟然还有"读书比赛"，更不可思议的是，竟然就有老师报名了。我不知道这种"读书比赛"规则是怎么制定的，只是有个领导问我参不参加读书比赛的时候，我以开玩笑的方式回敬了一句："你以为什么都是可以比赛的！"

在中小学里，最折腾老师的就是平时的"成绩比赛"，有些学校叫"成绩分析"。其实成绩哪里是分析出来的？没听说哪个工厂的"产品"是检验出来的，更没听说蒸一笼馒头要揭十八回锅盖。当然，学校不是工厂，培养人也不是蒸馒头。学生更不是谁的"产品"，他们是自然的孩子，更是这个社会的未来。

我们都知道，教育近于农业，用种植农业的逻辑思考教育也许比较靠谱。可现在大都采用工业流水线的方式，统一进度、统一练习、统一考试、集体备课、流水阅卷……甚至对学生的思想言行的评价也纳入工业流水线，设置什么"标准答案"，当然有些其实是"标准惨案"。

高考其实也是这么玩的，学生起早贪黑，搞得眼镜度数越来越高，近视的孩子越来越多，许多孩子内心深处也越来越迷茫，耗费了十二年黄金岁月，最后的高考阅卷，和转包工程一样包给某个大学，大学从中还要寻求"回报"。为了降低成本，就大量请在读的硕士、博士研究生还有少量中学教师等一些廉价劳动力参与，马不停蹄、辛辛苦苦每天面对屏幕八九个小时，报酬低廉，最后还要扣税，甚至还不如普通农民工。一份试卷总计几分钟(甚至更短)就把学生十几年的文化生命决定了，最后出来的结果就是一堆分数。可各个学校还把这么一堆玩意儿奉若神明，不管考得如何，基本上都是大肆吹捧。

人，通过一堆数字然后就分流了。见分不见人，各个学校比来比去，就是比分数。其实老师们的辛苦与智慧哪里是分数可以完全代替的？

如果这种简单的教学分数就能代表教育成绩，那么如何解释 1991 年美国爱荷华大学发生的卢刚杀人案？如何解释大学生马加爵、药家鑫、连勇的杀人恶行？如何解释北大优秀学生吴谢宇在 2015 年 7 月针对亲生母亲的惨无人道的凶杀手段？如何解释河南濮阳一高培优班在高三宿舍发生的因为分数落后而对优秀同学痛下杀手的惊人血案？

中小学的成绩比较在技术分析的前提下，在让师生了解自己教学和学习效果的同时，也给教师和学生制造了许多教育不幸，表面上是分析成绩，其实是用类似于"游街示众"的方式借此给教师施加压力：你不抓学生，我就抓你！鼓励同行之间倾轧竞争，压榨孩子的生命，抢夺孩子的时间。可孩子们有个时间成本问题，同样的时间给了数学，就不能给语文；给了英语，就不能给物理，最后谁能抢来时间，谁能抓住学生？这一点，老师都懂：当然是最"厉害"的老师。

这种教育强压的能量转换就是，培养出一群蛮不讲理、执行力强的霸道教师和沉默寡言、不会思考的奴才学生。

现在，每每看到站在教室外面写作业的孩子，和一大早就拽着拉杆书包一走进教室就趴在桌子上不想动的孩子，还有在成年人的呵斥下泣不成声的孩子，我的内心就很难过。

"成绩分析"表面上是分析成绩，其实不过是借此给教师制造压力：看看你的班考成啥样了？甚至制造一个无形的"封口条"：考不好你就没资格说话。好玩的是，有些学校还给教师弄出一个"口袋"，就是"成绩合理区间"，平均分的差距在多少分以内就是"合理的"，高出平均分多少就算"优秀"，低于多少分就算出了"口袋"，那自然是要警告或诫勉谈话的，就是人家不说，你自己脸上也会有些挂不住的。当然，不知道这种管理办法有什么科学依据，是不是就真的把学校的教学质量搞好了。

针对这种群体化的量化评价，我们需要思考几个方面的问题。

首先，各班的基础是不同的，即便是按照总成绩分出来的

"完全公平"（当然这是不可能的，有一个概率问题），但落实到每一科总是不平衡的，往往会出现这个班数学基础好或者那个班英语成绩好，而另一班语文成绩好的情况，这种把复杂问题简单化的做法本身就表现出管理者思维的简单。这种管理的线性思维带来的"只看成绩"的简单化逻辑，给教师和学生制造了很多教育困扰。

其次，学生处于一个动态的系统中，是会发展变化的，在课程之间的用力不公也会导致各科成绩的不平衡，这不仅和学生的兴趣有关，也和外力的干扰有关。鼓励教师之间的分数比拼实际上容易打乱学生的自平衡，说老师"抓得不紧"，当然，"抓得紧"的老师往往会成绩好一些，但是，通过狠"抓"实际上控制住了学生的时间，也就是控制住了孩子的生命，那么他们的成长空间在哪里？

实践告诉我们：想设置别人生命的人往往会把自己置于一种非常尴尬的境地。一个人的成长变化充满未知性，不是谁凭借自己的权力意志就可以达到目的的。

最后，教育者也是不一样的，对教育价值的判断也不同，各人的着眼点不同，加之工作时间长短、经验、办法都不一样，各个教师之间有什么可比性？

记得很多年前，我接手高三毕业班，每次平均成绩都是和另一个老师所带的"平行班"相差几分，最高一次竟然相差近5分，你想这个差距还是蛮大的，而我自己并不在乎，急得班主任找我谈话。后来我已经习惯了落后，倒是高考成绩出来后，两个班的平均成绩只差 0.16 分，对于语文来说，这是什么差距啊！当然，说这个例子并不说明高考阅卷就一定是公平合理的，或者我自己能力有多强，而是说，不要把量化成绩看得那么重。量化的东西对人都是不靠谱的，尤其是教育，各种量化指标我基本上都是不认可的；我更关注的是教师和学生在教育教学过程中的努力付出和内在的愉悦。成绩只是看到了冰山一角，大量的东西是反映不出来的。

世界的悖论是，你越想精细化、数字化、技术化，世界往往越乱。

其实，管理层也不是傻子，他们内心也很清楚。

记得有一次高二刚刚分班后首次月考成绩分析，有一个很努力、学生很喜欢的年轻教师所带班级的成绩不理想，和另一个"平行班"的平均成绩相差近 9 分，学校公布月考成绩的时候，该年轻老师脸上就挂不住，很尴尬。下来后，他给我说："杨老师，我很纳闷，现在我越来越把精力投入到教学中去了，经常读书，课后还写反思，怎么成绩反而越来越不行了？"我就告诉他，新班级，恐怕和分班有很大关系，一次成绩说明不了什么，别太在意，脸皮厚一点，不然怎么混。

过了几天，该年轻老师吃饭时告诉我，某中层带来高层安慰："不要在意，你的工作很卖力，大家都看得到。本次成绩不好，是学校分班造成的，几位领导心里明白。"好玩的是，既然心里明白，为什么要搞这种"不明不白"的"成绩分析"？

许多老师其实不想说"皇帝没穿衣服"，因为说出来会得罪领导。老教师不想说，年轻老师不敢说，然后，这种给老师也按成绩排队的行为越来越猖獗。好在一些老师已经学会了消极对抗：你念成绩，我就玩手机。当老师没有真正认识到教学成绩也是一个参考指标的时候，各种外在强加的压力其实是没有用的。只不过给教师、学生和家长制造了教育恐惧和精神焦虑而已。

每次成绩分析，我最希望的就是成绩靠后一点，让年轻老师处于前列，日子好过一点。因为毕竟干了三十多年教育，知道语文教育是怎么回事，"考不到"、"考不准"也"靠不住"的情况太普遍了，高三学生为啥不爱在语文上花功夫，因为语文捞不来分。平时的语文考试，学生从教师那里得到的东西能考出十之一二已经很不错了。我相信，在同样的成绩面前，不同的孩子从课堂或书本里得到的实际收获是有很大不同的。

过去有个别孩子突然成为年级第一，结果下一次考试突然就落200名以后了，你说这是孩子没用心学吗？对于学生而言，成绩永远都是个变量，日常教育中的真实收获，内在愉悦，哪里是一个简单的分数能够呈现的？看清了这些，你就会比较淡定。有时落后，有时在前面，其实都挺正常。不过，处于对当下这种恶劣教育生态的体悟，说实话，我自己的成绩有时垫底反倒比较坦然，有时候成绩突然最高反倒很不安。其实，平均分多出来一分半分，有多大的差距？有些纯粹就是教师的"流水阅卷"制造出来的，因为阅卷人变了，价值标准也变了，各次成绩之间有什么可比性？

而且，这种群体化评价分析就是一种"伪评价"或"伪分析"，评比也是一种"伪评比"，因为教育面对的是一个一个的独特生命，而不是一堆机器零件。美国的课程专家严文蕃指出：中国的新课程不具备条件，中国没有新课程的土壤，因为教育最重要的是评价，而评价的核心是对个人的评价，而不是对一个整体的评价。为什么我说整体评价是一种"伪评价"，甚至是一种"负评价"？因为整体评价会极大地挫伤教师的教育教学的积极性，同时，整体评价中的误导会使教育中的一些野蛮行为大行其道。

记得多年前，有个老师在"成绩评比"后悄悄告诉我："他们不搞成绩评比的时候，我还劲头十足，想好好努力，想把各样事情干好。成绩评比后，就觉得灰心丧气，什么也不想干了，因为他们只要成绩，做许多额外的事情觉得没有意义了。"

传统教育观念说："严师出高徒。"这话在说出某种"道理"的同时，其实也放大了谬误。因为没有任何道理可以说明：没人性是有道理的。《马家军调查》揭露的就是"马家军"在取得成绩的背后，王军霞们的那些不为人知的"非人"遭遇。人性的价值永远大于成功的价值，不能只要成绩不要命。

记得某中学前些年搞末尾淘汰制，导致一个老师自杀，影响很坏。事实上，教育教学这种"恶比"背后不仅是对教育教学规律的漠视，更是对生命的漠视。高考成绩出来后，你看看一些"名校"自我炫耀的嚣张，就知道这种见分不见人的背后，彰显出当下的基础教育的一些行为有多么"非人化"。

说"严师出高徒"，其实忽视了一点：对于死记硬背的知识教育，严，可能有一定的作用，毕竟，当猛兽追在你后面的时候，你能不发出洪荒之力去奔跑吗？但我不知道严格教育和"阉割"教育到底有多少区别，严格教育和严格管理都是充满了"阉割"风险的，因为它是知识本位、权力本位、集体本位，而不是生命本位、权利本位、个体本位的。

真正的教育一定源于内在的觉醒，而不是高高举起的鞭子。只有爱才引发爱，暴力一定传承暴力。真正的教育是要引起学生内心深处的觉醒，对自己、对社会负起责任，因为当一个人不能为自己负责的时候，他就会把这种责任转嫁给社会。从人与人的关系层面讲，对自己负责其实也是对他人的道德，因为人是活在一个系统和链条里面的。就此而言，不管对教师还是对学生，各种"恶比"的背后如果不能引发个体的觉醒，只是逼使其服从于外界的高压，它就是"反教育"的。

许多孩子进入大学后的学习倦怠、读书倦怠、丧失目标，是不是和基础教育阶段的这种"恶比"有很大的关系？因为这种弄法强化的只是人的假自我而不是真自我。

其实，人心的规律是，自由状态下最有责任感，而在自己不能负责的压制状况下，责任其实是外挂的，呈现出来的"自我"也是虚假的。如果和人性作对，胜利的永远都是人性。任何制度化的逆人性行为都会遭遇非制度化的个体抵抗。个体权利的丧失同时意味着个体责任的空置。

教育世界的"滥比"，其实源于教育管理者的"未成年思维"，因为教育者大都是童年没有完全失去的孩子，而孩子天然喜欢比大小、分高低，玩争抢小红花的游戏。成人世界如果成天玩这种"比较"的游戏，说明成人们还没有长大。我不想用武志红先生的"巨婴"概念，我想借用余世存先生的"类人孩"来类比，这样的成人，肉体长大了，精神实际上还穿着开裆裤。尤其是教育的各种"比赛"，耗时费力，群体裹挟，把一个安静从容之地搞得乌烟瘴气。比如"赛教"，就得强制你听课，搞一些不痛不痒的评比，弄出假模假样的"学习"，再定出一些标签化教师，鼓励一批，打击一批，弄得教师里面也有许许多多"等级"，每个人似乎都有身份的焦虑。

我想，一个社会再浮躁总得留出来一块安静之地、闲暇之地吧，可以让人发发呆，看看星星，有自由和从容，如清朝诗人黄仲则所写："悄立市桥人不识，一星如月看多时。"当然，这只能是一种理想了。现在的中小学早已经丧失了悠闲，不管是老师还是学生，时间都是碎片化的，尤其是中学，学生们大量时间用来刷题，教师的很多时间损耗其实和教育教学无关。

比如各种各样的比赛，当然，有比赛，就会有奖励，而奖励恰恰是控制的把戏。这么快乐的教育，这么美好的生命相遇，如果需要鼓励或利益诱惑，你才会好好去做，那一定有人拿你的成绩分红，你的所作所为也就不是为你自己，而是有人在背后拉线指挥，你只是一个教育道具而已。

为何有人着眼于让老师们开展各种"比"？我有个诛心之测：是不是靠教育吃闲饭的人太多了？他们没什么具体事情，然后闭门造车，搞出一些教育教学的"比赛"，不仅可以证明自己"抓教育"，还可以在各种比赛中以"重要人物"出场，同时，完成对教师的掌控，这真是一个多元利好的结局。不过，静下心来仔细想想，世间有什么是可以比的？牛比骆驼不能驮，人比人不能活。你身上连两根相同的汗毛都拔不出，各种比赛有什么意义呢？

生命都是独一无二的，所有的比较都是人类的某种执着。尤其是教育的各种比赛，与天道相悖，与价值无关，当然可能与利益相连，而过强的意志容易带来理性的自负，导致我们看不到更高的价值。杨绛先生曾翻译英国诗人兰德的诗，有句话说："我和谁都不争，和谁争我都不屑；我爱大自然，其次就是艺术；我双手烤着生命之火取暖；火萎了，我也准备走了。"

有人说，我们就活在各种各样的比较里。中国人就这样，活得多不如意，还爱比，好像幸福就是比出来的。小时候比力气，上学后比成绩，工作了比收入，结婚了比家庭，中年了比健康，没当官比自由，当官了比升迁……最后比什么，看谁还活着。这样一个不从容的"比较人生"，你累不累？

中国社会的许多问题其实都是人为制造出来的，当然和权力的傲慢脱不了干系。各种恶比就是教育领域里人为制造的文化雾霾，干扰了自由的呼吸。可以说，恶"比"不除，教无宁日。

教育是一种美好的生命实践，也是教育者认识自我、发现自己、生命展开的过程，如果在中间搞各种比来比去的游戏，有什么意义呢？

一代过去，一代又来，地却永远长存，而你最后去了哪里，你知道吗？记住一句最重要的格言："不要忘了，你终将死去！"只要把这个东西想明白了，生命里什么都可以想明白。也不会受教育场域里各种"比"的毒害。当你不再执念于和别人的比较，而是着眼于自我完善的时候，你才不会把外界的评价看得过重，生命才会趋于成熟，人格才会趋于健全，也才会逐渐地靠近教育的理想和自由。

我的朋友冉云飞有一本书《通往比傻帝国》，有人认为他把"比傻"写反了。其实各种教育比较都没有什么实际意义，但为什么有那么多聪明的老师依然配合玩这个游戏呢？我想，除了身份焦虑和利益关怀之外，最大的价值就是向那个具备合法伤害权的人表明态度：看，我们是一伙的！

比成绩还是比无耻？

高考成绩出来之后，各个学校竞相贴出自己的辉煌"喜报"：今年又取得了历史性突破，全省100名以内多少人，700分以上多少人，占比多少，600分以上多少人，单科最高分多少，哪些学生已经接到世界前50名的学校录取通知书……反正再烂的学校也会找到宣传题材，综合分比不过你，我就比单科；高分段不如你，我就说一本率、二本率；脸比不过你，我就比腿；胳膊比不过你，我就比肤色……反正总有亮点。

许多教师和家长都成为学校的义务宣传员：××学校再创佳绩，今年高考又有新突破……成绩出来不到一个小时，满屏都是高考战报。此情此景，我只有无语和沉默，尤其是对那些应试超级中学的广告，我甚至有些反感：还能比这更无耻吗？你们把各个地方的优质生源掐尖到你们那里，三年集中营式的训练，最后都成为你们的成果了，有没有教育常识？

这倒让我想起一些城市开发区的建设，把农村地方的各种大树挖过来，根系缩小，树冠砍掉，挂上吊瓶，栽到新的土地上，就成了开发区的树。这些开发区在保证自己"环境优化"的同时是否考虑过大树原来所在地的"水土流失"？

现在各个应试名校的教育是不是和此类现象有些相似？这种损人利己的行为因为高考成绩似乎突然有了某种"正当性"，考试分数好，就是办学"质量"高，借此忽悠社会，捞取名利，吸引各路师生上钩，还能比这更无耻吗？

其实，对于生源好的学校，不是教师在教学生，而是学生在促进教师成长，教学相长，良性循环；而生源不好的学校，教师面对的大都是一些"问题学生"，教师常年和这些"问题学生"打交道，不小心也就成了"问题教师"。道理很简单，就和下棋一样，跟高手下棋，水平会不断提高；和臭棋篓子下，会越下越臭，核心还是对手的问题。

对于学校而言，教师就是最重要的资源；而对于升学率而言，学生才是起决定作用的因素，教师的作用则是次一等的。因为教育常识告诉我们：基因是主人，教育只是仆人。种子的力量才是最关键的，你把小草能培养成大树吗？就是袁隆平这样伟大的科学家，他要把水稻培养成一棵大树，也只是一个梦而已。何况一所普普通通的学校面对一群鲜活的生命，取得了一点教学成绩，有了知识填充的效果，就成为你学校的了？甚至有个别常蹲毕业班"把关"的"名师"在个人宣传中说自己培养了多少学生考入北大清华，这样宣传自己，难道不感到脸红吗？

最怪异的就是各路学校借高考大做广告，你学校是干什么的？教育是干什么的？如果学校的教育目的就是赚钱，那么说明你的教育就是丧尽天良的教育，就是毁人不倦的教育。不管你把自己打扮得有多么正义，多么常年坚持"素质教育"，一旦你到处掐尖、高考后高调挂出成绩喜报，你的底裤就露了出来。

我个人偏见：商品可以做广告，但学生不是学校的"商品"；学生是人，而人是万物的尺度，人是教育的目的。你学校把人作为"商品"大做广告，就像一个良家妇女不想好好过日子，却突然打出广告："我能让你满意！"那你这学校变成什么玩意儿了？

一位学者到过世界许多大学，如美国的哈佛、耶鲁，英国的牛津，德国的洪堡，在这四所大学中，德国的洪堡大学在中国恐怕最没名气，而人家已经有29位诺贝尔奖获得者，可人家从来不说自己是名校，也从不搞什么"校庆"。倒是把教育秩序搞得像菜市场一样混乱和喧嚣的地方却大做特做教育广告。

在全国各地的高考广告中，恐怕衡水一地最下功夫了，因为衡水中学"神"一样的存在。但是，衡水当地大部分孩子却不能正常进入当地的学校，因为外地生源的大量涌入，衡水当地的大部分家庭不得不缴纳高额赞助费才能上本地的学校。为了到非常普通的中学报个名，家长带着凳子、拉着躺椅换班排队达48个小时，这一点，你知道吗？

教育竞争其实控制的是每个人，高考广告就是竞争的一部分。奇怪的是我们一部分教师一边批判应试教育的种种罪恶与不幸，一边又炫耀自己学校的应试成绩，不断为这个怪兽加油助威。教师的精神分裂其实源于教育价值的精神分裂，而这种教育价值的精神分裂又和特殊环境下的价值分裂脱不了干系。在学校，有许多教师其实也是精神分裂的，甚至也包括我自己，在批判中妥协，在妥协中批判。想想，之所以逃避自由，是无路可逃，还是我们被某种东西绑架了？

前几天一个孩子给我说："老师，我昨晚睡得早，十二点就躺下了！"我除了难过，不知道说什么。现在几乎每个老师都说上课有孩子睡觉，但这样竞争下去，最后谁遭罪，但看那眼镜的度数、近视的人数、夭折的生命……教育场域中的人应该心里最有数。一些老师在学校的裹挟下比来比去，充当帮凶，压榨孩子生命，控制孩子自由，是真糊涂还是装糊涂？

向内开掘，守住自己

传统社会中的教师，被称作"先生"，在"天地君亲师"的等级文化中，也是很受尊重的角色。我之所以喜欢"先生"这个称谓，是因为这个称谓在表达尊重的同时，也有与教师在知识和真理面前平等的意思：教师只是比学生早生了几年而已，面对无限的时空和无限的未知，其实也没有什么了不起。假定每个人都可以活到八十岁，那么，教师和学生只是占有的时间段不同而已，只有先后，没有大小，那么，教师在尊重学生、尊重知识的同时，是不是应该摆正自己的位置呢？

这些年，随着信息畅通，教师的负面新闻似乎越来越多起来，比如学生自杀，校园暴力……有些就和教师的教育不当有关，但在事情发生之后，社会往往把矛头指向体制或教师之外的因素，是不是和传统观念中的"为尊者讳"有关，虽然教师的身份地位这些年有所下降，但在一个传统观念依然牢固的国家中，教师作为"士"的一部分，依然受到尊重，毕竟，知识分子大量存在于教师群体之中。

不过，随着教育的商业化，学校越来越像工厂，校长越来越像老板，教师越来越像知识民工，许多权利得不到保障，加之行政权力对教育的强力渗透，学校也失去了往日的宁静。比如各种赛课评优、各种职称申报、各种论文评比……一阵风又一阵风，学校这一潭水再也不平静了，各种明争暗斗的竞争就开始了。竞争的设立，充分利用人性的弱点，实现了对人的掌控。因为各种荣誉后面就是利益，而人毕竟是利益动物、符号动物，也是意义动物。

奇怪的是，有些教师有了不少"荣誉"，甚至简历上有一大堆头衔，但业界对其评价并不怎么样，原因在于，这些教师可能把精力过多地放在追求"荣誉"上，而忽视了"名誉"。

"荣誉"和"名誉"其实是不对等的。

"荣誉"往往是某个组织或某次活动派发的短暂性的认定，是单向度的，甚至是片面的，也有具体的证明物，比如"证书""奖牌""奖杯"之类；而"名誉"是社会对一个教师全方位的认定，不仅在于一个教师的学识、能力、责任心，更着眼于一个教师的品行、尊严、价值追求。可以说，荣誉是官方的，名誉是民间的；荣誉是正式的褒奖，名誉是无形的鼓励；荣誉是暂时的，名誉则是长久的。

"名誉"和"荣誉"经常被混为一谈。

我们不妨做一个经济学上的类比，"名誉"相当于一个东西的价值，它是外界对这个东西本身的肯定，是一种特殊的品质；而"荣誉"却相当于一个东西的价格，它是一种市场认定，随市场行情在不断变化。人们看重的可能是某种"荣誉"，但真正能够让人尊敬的则是一个人的"名誉"，比如，文凭、职称是一种"荣誉"，而水平、实力则是一种"名誉"。虽然都是外加的，但"荣誉"往往是一种群体认证、社会认证，而"名誉"则是一种个体认定、民间认定。一种是"头上有光"，一种是"内心有光"，后者比前者往往走得更远，更让人敬仰，让人想到"桃李不言，下自成蹊"一类的古话。

在现实生活中，有一种人的荣誉是靠自己的本事打拼出来的，是自塑的；有一些人则是靠别人外加的，源于外在的赏赐，甚至有人为了获得"荣誉"而不惜牺牲"名誉"，以自己的人格、尊严为代价，这就有点买椟还珠了。

不管"荣誉"还是"名誉"，都是一种"名声"，一种包装，二者都会出现名不副实的情况。"荣誉"尤其可疑，因为它更多是一种权力认定、关系认定，遵循社会学逻辑，而当一个体制问题成堆的时候，由这样的体制派发的各种"荣誉"有多大的意义，各人的理解可能不同。当然，"荣誉"的获得有些是干出来的，有些是吹出来的，有些则是一阵风刮出来的，也有些是"计划"出来的，情况不同，也不能全盘否定。

我曾经和著名文史学者傅国涌先生一起吃饭聊天。傅先生经常到全国各地讲座，也多次给特级教师讲过课，我问他如何看待这个群体，他直言不讳地告诉我："大多很差，个别还行。"我把这句私聊的话写出来，也许会让一些名教师不悦，但也希望更多的普通教师有一种心理平衡：就是特级教师、中小学的"教授"这个群体也没有什么了不起，因为里面是鱼龙混杂的，当然这是任何社群都难以避免的。

我想说的是，名利的法则不是教育的法则，教育是根的事业，不是花朵的事业，守望三尺讲台，看住一方麦田，有个心灵家园，这都不是世俗功名可以简单证明的。

有个词叫"安分守己"，在当下，它应该是个褒义词，而不是贬义词，因为在这样一个时代，安于本分，守住自己，是需要修炼的，上升则是生命的一种本能。你给桌子上放根骨头，狗都往上爬。站到上位，登高一呼，有某种话语权，没有什么可骄傲的，尤其在"成功学"泛滥的物质化时代、道德泛表演时代，平常心最难得。

现在的教育似乎成了江湖，这也是江湖社会的投影，各路英雄教主，各种模式套路，各种奇谈怪论，各种演员，穷形尽相，各领风骚。但教育想干什么？根本的意义和价值如何，不见得每个人都清楚，有些人就是通过教育捧个碗而已。

做教育要沉下去，低下头，像根一样生长，不要像浮萍，老想冒出来飘在水上。教育者需要合作，需要互动，需要分享，因为教育不是江湖。把教育当江湖搞的人，不小心就把教育捣成了糨糊。

任何行业都要靠大量的普通人做事，教育也一样，大量的普通教师才是教育依靠的对象，而不是各路"名师"们。

当然，普通教师追求名声也没有什么，毕竟生命也是需要一些包装，需要一些价值符号，但切不可为了外在的东西而忽视了自己作为一个教师的本分。名也好、利也好，都是生命的堆积物，在生命的一定阶段追一追也有好处，但需要清醒地认识到，这不是生命的全部，一定有比名利更有价值的东西。

其实，真正有名的人往往躲避甚至厌弃名声，他们往往为名声所累，比如托尔斯泰们。思想家笛卡尔就说他痛恨名声，因为名声夺走了他最为珍贵的精神的宁静。甚至名人的后代也往往为名声所累，比如鲁迅的儿子周海婴在北大上学时就受到很多限制，不能打牌，不让谈恋爱，等等。

印度诗人泰戈尔说："我攀上高峰，发现在名誉的荒芜不毛的高处，简直找不到一个遮身之处。"名声对别人可能是一种风景，对自己则是一种高度和挑战。

名声是一种外包装，它与货物的质量没有太大关系，一个真实的人永远活在他的名声之外。

有一本书的名字好像是《到处都是泡泡》，当一个时代到处冒泡时，说明这个时代病了。一个有病的时代很难不把它的病传给每一个人，使每个人成为一个时代的病理切片。

现在的学校也变成了一个名利场，各种名头的"名师"越来越多，奇怪的是教育越来越让人焦虑。过去，几十年才出一个名师，现在一天不知道能出多少"名师"。

一个"名师"泛滥的社会，教育应该充满希望，蒸蒸日上，奇葩的是竟有那么多人把孩子送往国外，社会上对教育普遍失望。

浮躁和浅薄的时代才出泡沫名师，当然，普通教师也没有必要太在乎那些假名声，要葆有一颗平常心。

时间是无情的，它会淘汰一切毫无价值的东西，也会把最有价值的东西保留在历史深处。

《红楼梦》诗歌："古今将相在何方，荒冢一堆草没了。"唐伯虎有诗道："不见五陵豪杰墓，无花无酒锄作田。"有了这种大境界，就可以化解各种外在的执着，照看好自己的内心。

想大点，在无限的宇宙中，地球也不过是一粒灰尘，一个人的生命有多大，附丽于人的外在声名又有多大呢？

有了闲暇，读几本好书，看几部好电影，逛几个想去的景点，会几个好久不见的朋友，找找乐子……不是更有价值吗？

逝去的每一天都是我们生命的一部分，为自己活着，挺好。

附录 |

附录一 我的生命成长与"万言信"事件

2012年，对我来说，是惊心动魄的一年。

我24岁参加工作，这是我的本命年。在平庸琐碎中过了24年之后，谁能料到，自己在第四个本命年里会因为一封信而一夜成"名"，由一个普通学校的草根教书匠而成为一个教育江湖中的"知名教师"，名字登上了《纽约时报》《人民日报》《中国教育报》《看天下》《华商报》《南方都市报》等著名报刊，成为世俗者眼里的"成功者"，你根本不知道，这是命运的荒诞，还是现实的吊诡。

一

我生在关中农村，是个地道的农家娃，小学和初中都是在农村一个师资匮乏、条件艰苦的学校度过的。

记忆中，四年级以前都是从自己家搬凳子去上学。学校用的桌子是土坯做成的，上面抹上水泥，其实就是一个土台子。因为教室没有火炉，冬天有时候零下十几摄氏度，老师也冻得受不住，看着娃们实在可怜，就让我们原地踩脚，防止脚被冻伤。一踩起脚来，教室里便声如雷动，尘土飞扬，好不热闹。

简陋的教室里虽说有一个60瓦的灯泡，可因为农村经常停电，晚自习没亮过几次，所以只好长期点煤油灯，以至于许多同学的头发被烧。为了防止打瞌睡，许多同学就吃辣椒、吃大葱，一到晚自习，教室里就飘着各种怪异的味道。

那时的教室里的陈设也很简单，除了黑板上方的领袖像和"好好学习，天天向上"的教导，后面有一堆笤帚外，再也想不起来还有什么。教室的窗子上也没有玻璃，窗户只好用塑料纸订上图钉封起来，渐渐被寒风吹裂，北风凌厉，一刮起来，教室里就飘动万国旗一般，呼啦啦作响。

我的小学处于70年代初，在学校里除了认识几个字、学一些简单的运算外，几乎学不到什么纯粹的知识。学校经常组织学生参加农村的劳动，比如捡麦穗、拾棉花、种蓖麻、平整土地……印象最深的是1975年冬天，学校搞勤工俭学（实际就是利用学生为学校赚钱），组织我们用架子车去山里拉石头。四个学生一辆车子，早晨6点就出发，来回要步行60多里路，然后把石头送往水库工地，得到一元工钱，学校抽八毛，给每个学生五分钱，可以买一根冰棍。虽然这种劳动显得像罚劳役，但我们的热情还是很高。

当时的学校提倡"学工学农学军"，因而我们除了参加农村的劳动之外，运动会也有标枪、铁饼、手榴弹一类的投掷项目，有时候就有运动员不小心将投掷物投入人群，好吓人。

当时不管学校还是家里几乎无书可读，就是几本教材，印象中读过几本从别人那里借来的漫画书，像《地道战》《地雷战》《平原游击队》之类，当时为了读到这些绘本，经常要说好话讨好同龄小朋友，甚至要用好吃的去换。

印象较深的是小学三年级的一个暑假，去姨家走亲戚，发现墙角有一本撕坏了封皮的书——《刘厚明讲作文》，我如获至宝，读了一个上午，到回家时还没有读完，就偷偷拿走了，因为当时不会写作文，后来读了这本书后逐渐开悟，越写越好，后来几乎每次作文都要被老师表扬。

当时，学校的学风很差，我们最喜欢的就是体育课，可以自由地去玩，甚至上自习课可以外出打球，班主任过来检查，我们就逃回教室。其实班主任也不敢大胆管我们，因为当时学校里学习黄帅造老师的反，学习白卷英雄张铁生，学校也会组织学生给老师写大字报。

我们也会集体合唱"革命歌曲"，几个学校经常比赛。有时候，教室里会飞进麻雀，我们男生们集体行动逮麻雀，有一次竟然把麻雀逼进了桌兜里，好不热闹。我永远记着张老师花容失色地向男教师呼救的紧张表情："快！快！我房子里有一条蛇！"

1976年，粉碎"四人帮"，"文革"结束，我升入初中，当时高考制度还没有恢复，加之我当时是班上年龄最小的，家里害怕将来初中毕业后"推荐"不到高中去，因为父母都是普通农民，也没有什么关系，过早落在农村也扛不起重活累活，于是他们商量后决定让我在小学六年级留级一年，把年龄混大一点。可学校不同意，因为我当时还是班长，学习又好。后来父母同时到本村的副校长那里去求情，才得以答应。我是在升入初中后三天再留级到小学的。谁料，时代变了，高考制度恢复，小学由春季开学改为秋季开学，初中和高中都由两年改为三年，所以我就比别人多上了三年半学。

当时，农村的学校没有图书馆，我也买不起什么课外书，以至初中时经常抄录其他同学的课外辅导书上的题来做。开会时不愿听那些宏大无边的讲话，就读书，可没书读，只好读字典，甚至在初一抄过《唐诗三百首》。因为家里穷，小时候连相都没照过，15岁以前长什么样我到现在都不知道，八年级以前也没穿过一件买来的衣服，都是穿母亲纺线织布染色亲手做的粗布衣服，可我不在乎，因为我爱读书，学习也一直名列前茅，各方面都表现好，以至家里的墙上贴满了学校发给我的各种奖状。

什么"三好学生""优秀团员""学习标兵""竞赛 × 等奖"之类。现在想起来，母亲识字不多，虽不懂教育，但因为没有糊墙纸而把我获得的各种奖状贴在墙上的做法恰恰起到一种激励我的作用，因为邻居串门会看到，顺便夸赞几句，有时候我就听到了，暗地里就下决心：要为自己争气，学习不能落后。当时也没有别的想法，主要还是凭学习兴趣，作业除了老师布置的，我还要自己多做一些题。晚自习回家，吃完饭都十点了，还要再学习一两个小时，为了防止打瞌睡，我不坐凳子，就站着做题，经常要母亲催促几次才休息。

当时的语文老师姚龙兴多才多艺，书教得好，二胡也拉得很好。后来我就想学二胡，可一把最便宜的二胡也要12.9元，好一点的要七八十元，而我半年挖药材攒的钱还不到5元，又不敢向父母要，最后只好花1.2元买了一支笛子吹。随着家里情况的逐渐好转，母亲也同意我可以订阅一些文学期刊，像《少年文艺》《诗刊》《散文》等，它们是我贫困童年的精神大餐。

二

记得初中毕业后的那个暑假，我们村的"知青"要返城，作为分别礼物，一位女"知青"给我姐留了一本大型文学期刊《十月》，上面有沈从文的《边城》。花一周时间仔细读完《边城》后，我好长时间都沉浸在美好的湘西世界里不能自拔。当然，从这本期刊上也读到了著名诗人雷抒雁的十几首咏物诗，我读后感觉没有什么特别之处，认为这样的诗我也可以写，就尝试着开始创作诗歌，一个暑假竟然写出几十首。

上高中后，我从这些诗歌中选了10首，寄给当时的《宝鸡文学》，报社后来还给我们语文老师马哲来信，求证其真实性，怕抄袭。好在语文老师了解情况的时候，我的口袋里竟然装着我诗歌写作的原稿。后来《宝鸡文学》选出3首，发了头版头条，加了编者按和点评，校长还在全校大会上表扬了我。

不久，著名诗人商子秦还来校看望我，我也参加了全国首届青少年测绘夏令营。这一切对我激励很大，当时读书的劲头更足了。常常是在晚自习的熄灯铃响过之后就着昏黄的路灯读书，多次被查宿的班主任赶入宿舍，可班主任走后我又跑到路灯下读书。雨果的《悲惨世界》、司汤达的《红与黑》、梁斌的《红旗谱》、路遥的《人生》、张承志的《黑骏马》等书大多是这样读完的。

上大学后，首次参观图书馆，我为大学如此多的图书所震撼，当时就天真地想，我要是能把这儿的文学书读完该有多好，可我上的是政教系，大学录取通知要我们带上《毛选四卷》，后来又发了20几本党史类参考书，郁闷的是，我非常喜欢的文学类书，学校规定一次只能借5本，我觉得很不公平。中文系学生为什么就能一次借阅20本，加上政教系的许多课我都不喜欢上，就到中文系偷着听课，私下写诗歌，没想到一首《寻找一颗星》在全校诗歌征文中获得一等奖第一名，也让中文系各位才俊对我刮目相看。后来听说可以转系，我就暗暗运作这事，经过向政教系、中文系和学校教务处三方的申请和两个月的奔波、24个公章的折腾，终于成功转系，也引起了政教系的小小波动。

我能够大量阅读文学书应该是从进入中文系后才开始的，

当时一次可以借阅20本文学类书，又是处于精神饥渴的20世纪80年代，我经常一次借阅七八本小说和其他文艺书籍，而小说换得最勤，几位图书管理员也很快就认识了我。我读书往往不求甚解，喜欢读就读下去，不喜欢读就随便翻翻，或者看看前言后记，然后就再换其他书来读。

当时大学校园的读书热情很高，一些流行的书像李泽厚的《美的历程》、萨特的《存在与虚无》、柏杨的《丑陋的中国人》、张贤亮的《绿化树》《男人的一半是女人》等，谁不读似乎精神就落后了一样。钱刚的《唐山大地震》是我1986年读到的，至今记忆犹新，非常震撼。大学四年中，许多同学到校外看一些录像片，甚至有同学绘声绘色地讲述自己看过的花花内容，可我大学期间竟然没有看过一部录像片，当时主要是胡乱读书，也没有什么计划，反正有兴趣就读，有时候一个下午就会读完一本小说。

三

有人说，年轻时读过的书会融入血脉，化作骨骼，成为生命的一部分。现在想起来，能够真正回忆起来的印象深刻的书大都是25岁以前读过的。

工作后就当班主任，又住在校外，特别忙，除了应对千头万绪的工作外没有多少读书时间，偶尔去阅览室翻翻报纸杂志，自己也订阅一些，像《南方周末》《炎黄春秋》《读书》《随笔》《报刊文摘》《大众文摘》《杂文选刊》《语文学习》等都是我多年一直订阅的。1990年以后，整个知识界、思想界进入分化状态，加之全社会的商品化、娱乐化的浪潮，读书似乎成为一件被耻笑的事情，最有价值的就是赚钱，比如编书、兼课之类，我也做过，加之当时孩子尚小，每天上学四次接送，所以那些年几乎没有读什么书。当生存压倒了读书，只好不断为生计奔忙，因为人首先要活下来，而读书是一件很奢侈的事情。

我真正的读书应该是从40岁以后才开始的，因为在此之前的读书大都是有一些功利目的，是为了生命的向外发展，而40岁以后的读书则更多是为了向内开拓，真正重建自己的生命。加之当时职称评定后的迷茫，不知道何去何从，找不到自己的路，对群体认定充满了怀疑，我感觉必须独自上路，因为现实世界已经无法安妥我的灵魂。于是带着迷茫和对这个世界的反抗，我开始了精神自救，加之当时血压也逐渐升高，潜意识中感觉死亡似乎在逐渐逼近，自己一时间感觉生命的空虚和意义归零的压迫，心想：就这么糊里糊涂混下去吗？

当时连带了5届高三，发现学生像树一样长空了，除了对考试和分数感兴趣，对其他似乎都很茫然，精神也很脆弱。当时不断听到大学生的自杀事件，有几位甚至是我校教师的孩子，这让我对学生的未来充满了焦虑，如何能帮到他们，也无愧于一个教师的良心，我当时想到了读书。

因为孩子们太忙，没时间读书，那我就想，能否自己多读点，把自己变成一个资源，除了自救，也能影响到他们。于是，我就开始广泛阅读，从中国到外国，从哲学到历史，从古代到近现代，从周国平到王小波，从"诸子百家"到《圣经》，从鲁迅、胡适、殷海光、吴思、熊培云到康德、哈耶克、波普尔、奥威尔、别尔嘉耶夫、考门夫人、阿伦特、克里希那穆提……

我发狂地读书，甚至晚上洗脚、白天上厕所也要先找书。而且我习惯于写读书笔记，几年下来，竟然写完了大大小小十几个本子，摞起来有一尺多高，我把读书学习的收获与学生分享，渐渐发现，我的课堂在改变，影响到的学生也越来越多。在国家新课程实施以前，我其实已经进行了四五年的自觉改变，只是没有上升到理论的高度。

读多了，就想写，当时的写作不是专业论文，也不是为了发表，纯粹是为了给自己透一口气，让自己能够过得舒服一点。有时候，我也会把自己写的自认为还不错的文字印发给学生分享，也让学生找毛病，提出修改意见。学陶渊明的《归去来兮辞》，我给学生印发了我写的《玄想陶渊明》，学习庄子的《逍遥游》，我让学生阅读我写的《生命的自由和超越》，学习李白的《将进酒》，我给学生朗读了我写的诗歌《与李白对话》。学生每读这些私货比学教材还要专心，甚至有些学生还写出读后感和阅读札记。

虽然我也能享受到教育的乐趣，但痛苦与挣扎在那些年始终伴随着我，主要是考试升学的压力以及由此带来的精神流水线式的频繁训练，让我很是反感，但又不得不屈从。面对千差万别的孩子，我不愿意按照那一套整齐划一的步子去走，我希望注入一些教育能量，所以，每每受到学校和学生方面的一些压力。比如选择教辅资料，我希望不要练习太多，有一些阅读内容，这容易和学校的统一管理发生矛盾。

高一、高二我一般不会涉及什么高考应试技巧之类，也不愿意过早讲解高考试题，这又容易引发某些学生的不满，一旦成绩波动，他们就会有意见，甚至会发动学生签名换老师。家长也会这么干，要操控学校的应试训练。当时真是内外交困，寻求突围之路，快支撑不住的时候，甚至还给颇有公共情怀的著名作家陈行之和教师作家梁卫星（《成人之美兮》作者）写信。陈行之先生在回信中对我多有鼓励。

四

我不认同只为考试和实用而存在的"工具化"语文，我希望放大语文价值，让语文成为生命的一部分，所以，有思想智慧和能量的"大语文观"就成为我的追求。为了拓展语文课堂的价值空间，我甚至把自己的学生变成教师，组建教学共同体，让每个学生都开发语文课程，利用课前时间与大家分享，大凡美文、书籍、视频、电影、歌曲、演讲等，凡是母语能承载的内容都可进入课堂。为了培养学生对现实的关注，使他们有公民情怀，我也会把一些有冲击力的现实内容带入课堂，与学生一起讨论，大受学生喜欢。

谁料，我的劫难从此开始。

2012年春节前的家长会，几个家长到校方投诉我，说我的教育理念不当，观点有问题，讲了社会的阴暗面，对学生成长不利，说孩子不听话了，甚至和家长辩论，更不可理解的是，我给学生推荐的一些优秀的课外读物也成了我的罪状。学校三级领导找我谈话，希望"帮助提醒"我，使我认清自己的"错误"。谁料，我竟然不服，一犯傻，竟然和领导们辩论起来，从未考虑这样做的后果。

最后得到的警告就是：学校派人每周至少要听我一节课，如果再不改，就上行政会。

听说要上行政会，我想，这下问题严重了，又觉得很委屈：难道我两面出击的高成本付出错了？

回头一想，只为考试去教语文，那是多么容易的事情，我过去也取得过以普通班的生源完胜"实验班"的高考成绩，但这丝毫不能给我带来安慰，我只是觉得，语文教育不能堕落为考试训练。教育是人的灵魂教育，它面对的是整个世界，是个体价值观的影响和建立，做成功的病人何如拥有健康的价值观？

2012年的春节期间，我无心过年，只是闷头读书，积极思考，在发愤狂读了几本教育类书籍，做了几万字的读书笔记之后，感觉自己好像没有什么过错，要说有错，就是在错误的时间干了正确的事。既然和管理层无法讲理，那就和家长讲理吧。于是我凭着内心的冲动，两天时间就打出上万字的内容，虽然当时我的打字速度还很慢，后来几经修改补充，加上我的三个附录《叶开谈语文》《中外思想家谈教育》《话语的闪电》（我的课堂言论交代）近三万字，当时还雄心勃勃地想，能不能写出一本书来和家长详细谈谈教育，感觉个别家长对教育的误会很多，应该和他们有所沟通。

开学后，我把它打印成32页，利用每周一的两节阅读写作时间发给两个班的110名学生，没想到，那是我从未见过的一堂安静的阅读课，学生的呼吸都能听到。一下课，就有学生追着我问："老师，是哪些家长？我去跟他们讲。您面对的问题也是我家里的问题，我爷爷和我妈妈对我的教育观念就不一样，经常有矛盾。"

当天晚上八点左右，学生王武剑的父亲打来电话，说他读了信，非常感动，甚至说："杨老师，你这简直是用血泪写成的文字。我曾经也有类似的经历，非常理解你。我们全家都支持你，希望杨老师坚持住！"有一位学生的家长说是在孩子书包里无意间发现打印稿的，发信给我说："杨老师，我是坐在冰凉的地板上用了两个小时一口气读完的，感动不已，孩子能够碰到您，应该是一种幸运。"

紧接着，这封信也由班级传到了年级，由年级传到了学校。到了下午，一位女生告诉我，她把该信的文字稿以图片的形式传到了人人网上，希望能够得到电子稿。

为了让外地的学生父母读到这封探讨教育价值的信，并回答我信中提出的问题，我把这封信放到了我的博客上，很快被各界人士分享转发，旋即引起了《华商报》记者赵媛的关注。两天后，该报记者赵媛女士采访了我，并写出新闻稿《语文教师讲课外知识被家长投诉》并选择了"万言信"中的2000多字，整合成一个版面，准备在2012年2月18日发表。谁料，这件事学校很快知道了。2月17日晚上，在一个茶楼，我被学校多位重要领导约谈，阻止该新闻出台，同时我也感受到一些压力。直到后半夜，我才回到家里，到天亮也没有合眼。

次日，我所带班级的学生被要求调查我在课堂上的不当言论，学生们也受到了惊吓，他们以为从此将失去语文老师，又不能公开保护我，于是私下传一个小条："死保杨林科！"好玩的是，学生对我是一片肯定和赞扬，没有一个学生说我的坏话。

也许有人觉得，家长"投诉"不能让你顺从，学校的"帮助"说服不了你，你还要登报发表，学生如果对你有意见，看你还有什么好说的！谁料，学生在关键时候保护了我。更让我不知道的是，有位学生竟然把我在课堂上的言论整理成100多条的"杨林科语录"放在了网上，后面还特别注明：这才是真正的老师！吊诡的是，这竟然也成为我的"罪状"。个别居心叵测的人竟然把这些话搜出来，给领导说：你看，这些都是他的"反动言论"！当然，学生记录的一些话不是很准确，可能有个人观点夹杂其中，因为语言传播中的信息偏转和信息扭曲是一种常见现象。

很快，我的信被送到大学宣传部门。2月19日下午，我被送到大学部党委某领导的办公室。领导一见面就问："杨老师，你为什么不到大学来教书？"他说："信，我看过了，感觉没有什么不当的。"他甚至说了一句很吓人的话："你这个文章，就是现在大学的博士生导师也写不出来。"我私下想：因为我在一线，那种深刻的纠结、痛苦和挣扎，大学教授当然是体验不到的，我是被逼无奈，不平则鸣。

他沏上茶就教育问题和这封信里反映出来的事情亲切地和我聊了一个下午。分别时，他说："学术无限制，课堂有纪律。以后上课还是注意点。"同时希望不要公开发表。

从大学出来后，我内心充满矛盾，就顺便到我的朋友也是大学教授的田刚老师家里小坐，告诉了我的处境。敏感博学的田刚先生告诉我："林科呀，你这个事情闹大了。走吧，咱们出去聊。"

于是，我们来到外面的千岛咖啡，也请来了西北政法大学的谌洪果先生和《华商报》的著名记者江雪。江雪早在28岁的时候就是全国"十大风云记者"，是位外柔内刚、非常有情怀的侠女子，写过很多有影响力的报道，她看到我的长信后非常感动，凭着新闻人的敏感，她当下就要约我见面，只是我当时为了躲避麻烦，一直关机。

后来她还专门到我所在的学校和校方谈文章发表的事，当然校方是有压力的，也是不情愿的，主要就是不能出现学校名字，因为这所学校也算当地名校，怎么能出现这样的"丑闻"。

后来《华商报》总编辑鲍剑看了这封信，大受感动，力主发表，因为他也很关注教育问题，此前也给教育部写过一封"万言信"，没有引起重视。为了避免给报社带来麻烦，就由江雪女士负责，将我1.6万字的信压缩成1万字，用两个版面全文发表。我的不愿意署名的建议没有得到江雪的同意。

她当时还开玩笑说："杨老师，你怕什么？是不是害怕出名后你的绯闻也让人家给挖出来？"当时就想，事已至此，那就豁出去了。于是我决定发表时将真名"杨林科"改为"杨林柯"，以示告别"旧我"，拥抱"新我"，同时也满足一个新闻元素。没想到，江雪她们隔了一天就把稿子修改完成。虽不完整，但也传达了原文的基本思想。

五

2012年2月21日，这是一个让我终生难忘的日子。早晨一出门，订阅《华商报》的沈立宪老师就问这个文章是不是我写的，说他看了，很有生命力，我才知道该信已经发表。早晨我出去想到学校门口的报亭去买一张看看，没想到报亭老板说："今天的报纸全部让你们学校一个老师买走了。"我又打电话给一位亲戚，因为她住在《华商报》社附近，结果她走了几个报亭也没有买到。直到晚上我才从一位朋友那里看到报纸。说实在的，当时内心五味杂陈，非常复杂。

为了防止干扰，在这一天里，我只好关闭手机，晚上打开一看，竟然有160多条短信，有夸赞的，有鼓励的，也有谈感想的，他们都很激动，甚至有三位女老师说读完流泪了。后来我先后收到60多位家长的信，也收到退休工人李太运先生的来信，这封信竟然也快写到一万字了，控诉自己当年的教育和祸害了几十个学生前途的老师。

次日，《华商报》就此事发表"评论专刊"，要求市民参与讨论，没想到，四部电话被打爆，他们先后接到200多个热线电话。2月23日，《华商报》组织的讨论开始，大多数是支持意见。作家叶开也接受了访谈，很支持我，个别市民有不同看法。接着全国各大新闻网站都转发了我的信，有些盖着"置顶"的红印，连著名学者朱大可、杨东平等都在微博上转发评论。

让我想不到的是，尊敬的钱理群先生接受了访谈，这对我是一个很大的支持和鼓励，他甚至说"这是中国教育界一场静悄悄的革命"（当时这个题目吓着了我），后来钱理群先生又专门写了一篇6000多字的文章发表自己的看法（钱老在1999—2002年期间有比我严重得多的类似经历）。说实话，作为一名普通教师，碰到这样一个事情，内心有激动，更有恐惧，因为不知道这个事情会如何发酵，以至于两周内，天天失眠，而钱理群的访谈和文章让我有很大安慰，也给了我精神的力量。当时在接受全国多家新闻媒体采访的同时，还接受了新浪网的一个"微访谈",我的微博就是《华商报》当时为我建立的。因为我打字慢,为接受微访谈,报社还为我专门找了一个打字快手。

连续几日,《华商报》都是关于"万言信"的消息和新闻,这让朋友们高兴的同时,也给家庭带来一些不安。我爱人当时也承受到一些莫名的压力,因为我们都是从60年代过来的,她的外祖父家是地主,过去受过不少苦。加之,在2月23日下午和2月28日中午,我一楼的家连续被扔进砖头和水泥块,导致两块玻璃被砸。甚至有退休教师也很关心地提醒我说:晚上不要出门,这个社会,人心黑暗。我当时想:一封信,会有这么可怕吗?

不久,"两会"召开,登有"万言信"的报纸被送进"两会",同时,两会代表也接受了《华商报》记者的教育采访。

一个月后,《中国教育报》记者杜悦采访我,写了一篇《这个"被告"在执着信守着什么?》,又引起了全国范围内的教育讨论,以至《中国教育报》在2012年年终总结的时候,把我这封信作为当年的十件教育大事之一。

好玩的是,"万言信"在外界一片叫好的同时,我的周围却是风声鹤唳。人性的荒寒、幽暗、脆弱、复杂、自私……在这个事件中暴露无遗,也让我从价值观上重新定义朋友,重新审视人性。好在校内校外还是有许多支持我的老师、家长、学生和社会各界人士,深圳的田国宝老师是我接到的全国第一个外地电话,在我最困难的时候给我带来很大的安慰和力量,也看到了他写的《兄弟，杨林柯》一文，因为他和我有类似的经历，甚至比我的遭遇还严重。杭州的郭初阳老师发信说："杨兄，你不是一个人在战斗。"我知道他和蔡朝阳、吕栋等同人合作，在叶开的《对抗语文》之后出版了《小学语文教材批判》，当时在全国的反响很大。

六

犹记《华商报》发表"万言信"后，影响很快辐射到全国，《燕赵都市报》、《山东商报》、《中国教育报》、《新民晚报》、《羊城晚报》、陕西电视台、西安电视台等多家媒体都进行了重点报道，后来我又接受了《人民日报》《看天下》《中国周刊》《华夏时报》等重要报刊的采访。《南方都市报》"深度周刊"甚至用整整四个版面进行了报道：向教育叫阵。好像要把我塑造成一个大战风车的英雄。

其实，我在生活中是一个平和包容的人。你无须成为英雄，在一个平庸的年代，你只能选择做一个人，守住底线和常识而已。一个呼唤英雄的时代本就是不幸的时代，它佐证的正是个体的无力。况且一个人与体制的较量好像和空气的宣战，你永远打不过它。

我也清醒地认识到，土地仍旧板结，现实依然严峻，我所在的古城并没有因为一封信而有所改变，反倒是衡水模式不断复制，学生自杀的消息时有耳闻。想到李白一句诗："吟诗作赋北窗里，万言不值一杯水。"虚空似乎才是世界的本质。

欣慰的是，在 2012 年，企业家王瑛女士在阅读了深圳中学马小平老师的事迹后大受感动，理性的她竟然一个人忍不住"号啕大哭"，由此发起了一个活动——寻找马小平式的教师，我幸运成为全国被找到的八位教师之一。

当年的教师节，在北京西山大觉寺举行的活动中，我幸运地见到了王瑛女士和仰慕已久的钱理群、杨东平、陈浩武、傅国涌诸位大先生，也见到了夏昆、樊阳、梁卫星、马一舜、许丽芬等老师。在当年《教师月刊》的评选活动中，我也幸运地成为"年度教师"。次年春天在《华商报》组织的影响陕西"十年十人"活动中，有幸成为教育界的四位提名候选人之一，又入选 2014 年《中国教育报》推动读书十大人物，接着荣获21 世纪教育研究院的全国首届"全人格教育奖"的"入围奖"。2015 年 5 月，我的个人随笔集《推动自己就是推动教育》由华东师大出版社推出，受到业界好评，入选《新京报》当年的儿童教育类"十大好书"，也是当年"大夏书系"的十大畅销书之一。

所有这些成绩都是我原来无法奢望的，我除了对支持我的同道者感激之外，也很感谢当初的那些反对者和幸灾乐祸者，因为世间万事都互相效力。

"万言信事件"是我个人生命的一个转折点，既是我个人的教育突围，也是一种自我救赎，不仅拓宽了个人的自由，也让一个草根教师的价值有了更大的实现平台。

　　用一种观念对抗另一种观念，虽然你胜不过，但守住底线就是一切。在教育实践中，葆有自己的那一份光亮，哪怕是浅浅的萤火，也能在照亮自己的同时温暖一方夜空。

附录二　没有超越就没有教育

世界万花筒，人性三原色

人，是一种社会生物，为了证明自己的存在，往往需求外界认可。

在乡土中国，一般人大致要经过这么几个阶段：小时候通过力量，上学了通过成绩，工作了则通过薪酬或地位，当然，找个可心能干的伴侣也是获得外界认可的一种方式。

所有这些，说穿了，无非一个"利"字。

司马迁先生说过："天下熙熙，皆为利来；天下攘攘，皆为利往。"可谓概括得具体而实际。

一个无信仰的世俗社会看似复杂，其实一般人追求的目标也都差不多，那就是钱、权、色。此三者都是"利"的表现形式，也是一般人实现自身意义的方式，获得了其中任意一个，就可以利用其价值的辐射获得另外两个。对这三样东西的追求，构成丰富多彩的人世图景，真是：一枚三叶草，七彩大世界。

　　但人到了一定的年龄，对这些外在的东西往往会看淡，因为看到了生命的边界，看到了更大更高的美，看到了超越这个俗世的真相，不想把有限的生命纳入一个群体比较系统之中，要把有限的个体和无限的存在联通起来，走出群体的羁绊，成为自由的孩子，而不是成为世界的奴隶。

　　德国哲人雅斯贝尔斯说："教育是为了培养自由的人。"古罗马的思想家西塞罗也认为，教育是为了摆脱现实的奴役，而非为了适应现实。真正的教育要有超越的追求，否则只能是当下的盘算。

"意义"是文化的产物，也有边界

　　人活着是要追求一些"意义"的，尽管个体人生是如此渺小，一切努力从终极意义上讲，不过是挑雪填井，最后交还给虚无。从个体的有限与存在的永恒方面来讲，这个看得见的世界只是生命的一个驿站，生活永远在别处。但人不会甘心于这种无意义的荒诞存在，人总会通过存在给自身确立意义。

　　意义，是文化的产物，不同的文化创造不同的意义系统。韦伯说，人类编织意义之网，然后蜷在里面。每种文化都是一个意义的网，这个网可大可小，但都直接和这种文化最核心的东西连在一起。

在世间万物中，只有人才寻找意义，动物是靠本能活着的。所谓"意义"必然是向外求的一个过程，最后被意义俘获，因为意义的背后是信仰，而信仰就是在看得见的世界中看到一个看不见的世界，从而超越当下的种种局限和利益羁绊。

捷克前总统哈维尔说，只有认识到人生有许多虚假意义的人才能找到生命的真意义。人类确立的意义都是此岸的、相对的，意义应该是形而上的东西，它是对生命方向的引导，是精神的家园。

文化确立的价值尺度是可疑的

中国文化确立的意义基本都是此岸的东西，"忠""孝"也不过是价值不对等的、单向收费的一种文化，它们是长者、强者本位而不是幼者、弱者本位的观念。"忠"也好，"孝"也好，都和"天地君亲师"的观念有关，引导人眼光向上，顺从师长，但到君那儿就停止了。"为天地立心"也只不过是一个价值招牌，它过高看重了自我的价值，把自己摆在了真理的供桌上。

再说，中国人的天地观念往往是一个虚化的东西，并没有化为一种敬畏和信仰，敬拜天地在传统社会里不过是皇上的专利，因为君权来自神授。皇帝"替天行道""奉天承运"，"皇本文化"持续 2000 多年。皇帝打倒后，皇帝碎片化了，变成无数的官僚政客，变成无数的家长，他们成为王权的实际代理人。

不管皇帝、官僚政客还是家长，都是价值和意义有限的时空存在物，不能给人带来精神的超越。李斯的"以吏为师"更是开了恶之先河，使逆淘汰法则具有了历史合法性。

中国文化据说产生过圣人，但我不知道是谁。柏杨先生说两千年出了两个半圣人，一个孔子，一个孟子，朱熹只能算半个。一般人只认为孔子是圣人，那是后人给加封的，尤其是子贡以降的后儒们，把先祖、先师说得高大完美，当然能显示后学者的尊荣，但孔夫子却不敢自诩为"圣人"。"圣人"只不过是儒家创造的一个虚拟的人格概念，是希望君子努力抵达的一个精神高标，在现实中是找不到的，其人格标准也是不确定的，最终还是由上位者说了算，而上位者定的标准还是人的标准。

按照人本主义观点，人是一切价值的尺度，这一点和中国狂士张载先生的"为天地立心"似乎非常接近，都是看大了人自身，让人给万物以价值，但世间的人无数，那么，价值尺度似乎也是无法量化的相对标准，甚至混乱标准。

给人定尺度，还是人的标准吗？这从逻辑上是讲不通的，一定得有超越人自身的标准。人自身的标准往往是自我的盘算，是现实的功利标准，甚至是一个可疑的标准，往往是靠不住的。

"圣人"不过是"多余人"

王权垄断社会自然是一个专制社会，自从秦始皇建立了大一统的专制政体之后，几千年的王朝更迭不过是不断变换的"秦家店"的翻版，中国人不断争夺的就是"一把旧椅子"（鲁迅语），按照孔儒的"圣人"标准要求自己的人，最后发现自己变成了"剩人"，成了多余人、边缘人。虽然孔儒们希望人们以古代圣贤为榜样，有仁人君子的风范，但现实的悖论是，芸芸众生却会以聪明人、以成功者为榜样，对所谓"圣贤"们往往敬而远之，孔儒所谓的"君子"们除了做国君的儿子或孙子之外没有其他出路。所谓的"圣人"不过是为士人提出了一个不断努力的方向，它只是一个人格理想的乌托邦，从精神上折腾了中国知识分子几千年。

秦统一后，铲除私学，统一思想言论，搞官员派遣制，让中国的士子们别无选择。中国传统的士子们在大一统体制下，无非"帮忙"或"帮闲"（鲁迅语）而已，把个体的价值与权力捆绑销售，一切意义都靠皇家裁剪，让国人生活在一切只为一家一姓工作的系统之中。这种个体价值的被掠夺使社会个体难以实现价值超越，人格精神在一个封闭的系统中不断霉变和腐烂，社会道德的沦丧使社会生态越来越下流化。

被绑架的意义系统

中国近代的意义危机实际上是信仰危机。中国人大都信仰权力，依赖群体，改变社会没想到靠自己。一般人是希望出个好皇帝，结果发现这个社会的一切病态都集中在皇帝那里。皇帝靠不住，那么靠清官嘛，结果发现官吏非贪即虐，为数特少的几位清官要么被清洗掉，要么像官家的忠诚的狗一样疯狂。

翻阅历史资料，发现有些清官甚至比贪官更可怕，他们坚守道义，人性寡淡，为了朝廷利益漠视生命甚至滥杀无辜。因为这个乡土社会一直没有建立起良好的制度，目标玄远，方法呆笨，几千年来依靠人治，推行专制高压。这种专制高压必然带来恐惧和奴化，也使中国人形成一种依附型的奴性人格，缺少精神独立。

依附型人格是人格无力的表现，人格的无力自然带来人生的无力，人生的无力是因为找不到意义。所谓"意义"，在中国除了为皇家卖命外别无他图，人生所有的努力最后都会被皇家掠夺和分享。这种封闭有限的意义系统，使生命失去了超越的标准，失去了形而上的空间。

在专制社会，意义系统被皇家垄断，皇家负责派发各种荣誉地位符号。贞节牌坊的建立，功勋赏赐的获得都依赖于皇家的标准，这就带来价值意义的一元化，而一元化的价值意义只能是无价值和无意义的精神奴役。一个正常的社会必须有多元的价值意义系统。

　　近代以来，随着民族危机，国家主义和民族主义兴起，集体主义道德伦理下的群体价值观大行其道，鼓励每个人把个体的生命和国族的命运结合起来，这在民族存亡的关键时期有它积极的意义，但在政通人和的形势下，依然鼓励人为了集体牺牲个人，那只能带来个体意义的弱化，当个体把自己的一切包括生命、良知、尊严都献给了一个集体，他最后发现，集体不过是由权力主导的一个组织，奉献给集体不过是奉献给各级权力，而由权力主导的这个组织，它追求的价值意义又常常是多变的，缺少稳定与恒久。

　　更为严重的是，集体价值常常会和个体价值发生冲突，因为集体经常会在权力主导下以强者的身份出现，让人交出一切，甚至灵魂和尊严，让人遭遇良心法则与现实法则之间的纠缠，给人带来生的痛苦，而良心法则经常最先让步，那是现实逼迫的结果。对于一个心存信仰的人来说，背叛信仰的代价只能是精神的折磨。

　　人要在物质世界中超越是不可能的，要在乌合之众中超越只能带来矛盾和痛苦，现实地位的上行和精神人格的下行似乎同构对应，现实法则与良心法则的难以兼容让那些良心没有睡眠的人内心充满撕裂的痛苦。

　　卢梭讲："人生而自由，但无往不在枷锁之中。"自由是相对的，不自由则是绝对的。体制化的诱惑容易动摇一个人的自由。有时，一点小小的荣誉就可能收买一个人，收买一个人灵魂的自由，因为体制需要工具和螺丝钉，而人一旦自觉成为工具和螺丝钉，就彻底放弃了人的自由。为了生存，人注定就得撕裂，就得学会不断变形，在生活中，就得有多套语言系统，而语言系统的多变也显示出人格的多变。多变的人格是一种变态的人格，这种变态人格的走红使得社会中遍布一种奇怪的生物，他们的成功也成为一种病态的表征，并引导社会价值的畸变。

公转是自转带出来的

科学研究发现，世间万物都是一个自旋体，从最小的粒子到最大的银河系以及河外星系，都是绕着一个中心转动的，这让科学家也感到好奇：它们到底是围绕什么转动的？

事实上，它们都在自转。人也一样，首先是自转的。一个人如果不能为自己负责，他一定会把这种责任转嫁给社会，要为他人负责那是不可能的。

人作为一种社会动物，他是活在一种关系之中的，每个人都是社会关系链中的一环，每个人都是构成他人社会生态和精神价值的一部分。只有每个人意识到自己由无数个他人构成，是这个世界的一部分，并最终要回归自我时，他才会意识到自己其实就是整个世界，所以对自己负责也是对他人的道德，关心自己也是关注整个世界。

真理从来都是个体的真理

个体的价值观不追求群体的认可，只寻求自我的认可。这种"自我"潜藏在人性深处，与良知统一，它追求的是至高者的认可，其至高价值超越了世俗价值，直达信仰的层面。

一个有组织的群体，是由权力操控的个体组合，这个组合为了实现所谓群体的福利，需要有一个价值指向。所谓群体价值观其实就是群体道德、群体利益的反映。虽然这种价值观也关注个体的利益，也能调节个体与集体之间的关系，但它主张个体为了群体必须做出无条件的让步乃至牺牲。在它那里，群体是大于个体的，群体是重要的，而个体是不重要的，只有群体存在，个体才能更好地存在，个体利益要服从群体利益。

但问题是，当一个有组织的群体仅仅是由权力操控的个体组合，群体利益实际上就成为这个群体中权力最高者的利益，从汉字构成上看，所谓"公"不过是"一个人的私"。

在一个有等级差别的群体内，权力者高高在上，他往往控制着这个群体内所有人的利益、尊严和人格地位，个体为了维持生存把自己的一切交给群体是为了获得这个群体的保护，在一个无所逃遁的权力垄断社会，个体除了走向群体外别无选择，而群体只不过是一个空幻的概念，它的价值指向只能是权力。因此，群体价值观也就成了权力价值观的代名词。

法国心理学家古斯塔夫·勒庞在《乌合之众》中指出：群众天然有"趋同一致律"。也就是说，大众天然有一种追随的奴性，他们会自觉不自觉地希望加入到集体中去。他说，每个时代的群众领袖大多才疏学浅，才智过多甚至会给领袖带来障碍。但正是才智有限的人给世界带来最大的影响。鲁迅也说过："造化常常为庸人设计。"为庸人所设计的群体自然不会有什么超越的价值观，自然遵循庸俗的现实法则，而不会产生什么理想的法则。

人格精神与外在标签没有必然联系

在一个权力垄断型社会中，人的身份荣誉尊严都由权力派发，只要合乎当权者的心意，一般都会得到层次不等的尊严和大小不等的荣誉，获取高低有别的身份，从而享受大小不等的利益。在这样的社会中，身份依赖于权力，这使身份打上了奴性的印记。就像王小波说的，人变成了一种"行货"，货物的价格取决于货主而不取决于货物本身。更可怕的是，人变成了一种货物，由主人来贴标签，万一被主人降价处理了，你也毫无办法。在这样的身份靠指派的社会中，通过个体的努力来自塑身份实际上是一种奢望。

其实，由权力派发的价值标签和人格不是完全对等的，它甚至会成为人格的反动，成为尊严的遮羞布。说透彻点，人格精神与外在标签没有必然的联系。在一个权力包揽一切的社会中，往往是道德败坏者更易受宠，人格腐烂者似乎有着天然的优势，他们往往上升得更快。况且，专制者还会通过合法伤害权把那些有良知、重人格、敢于维护个体权利和尊严的人清除出去，使优汰劣胜成为社会的流行法则。由于合法暴力的存在，为了获得生存，一些人只好采取向自己的良心撒谎的手段来获得精神防护，虽然社会充满"皇帝的新装"，但还是不敢成为那个指出真相的孩子。

高度决定了视界和判断

庄子是清醒的，也是潇洒的，他说："举世誉之而不加劝，举世非之而不加沮。"外界的荣辱，也只是别人的一种看法和观念，不代表就是终极评判，人只有突破外界的价值藩篱才会发现真相，找到自由。

有一副禅联说：竹影扫阶尘不动，雁过寒潭水无痕。外界的东西很容易进入人的内心，但只要人的内心淡静，就会化解外界的执着，保持内心的平静与自由。"外重而内拙"，一个人如果把外界的评价看得过重，那么，内在的智慧也就浅了，从精神上讲，其实他还没有真正长大，因为他还是活在他人的世界。

人，生活在一个有分别心的世界中，区分的观念都是由社会操纵起来的，观念的世界是一个满是篱笆的世界，限制了思想的自由飞翔。我们看到树是高的，楼房是高的，山峰是高的……那是因为我们站在低处。当我们上升到足够的高度往下看时，我们会看到一个平面的世界，虽五彩缤纷，但都在我们脚下，人不过是蚂蚁，楼房如蜂箱，城市不过是水泥丛林。高度决定了我们的视界和判断。

我们看那些大人物是高的，因为社会给了他们高贵的荣誉、显赫的利益，有足够大的权力裁剪社会资源，或者我们对他们的恐惧超过了我们的尊敬。但从至高者的视角看他们，他们其实是和我们一样的，他们的藐视众生、不可一世、颐指气使甚至飞扬跋扈，其实不过是由于我们的过分尊敬宠出来的。要让他们回归到正常人的理性，我们只要以平常的眼光来看他们就行了。

尼采曾说每一个大人物都是罪犯，每一次伟大的行动都是暴行。因为历史是胜利者的记功文策，是宏大抒情的交响乐，胜利者把自己的丰功伟业建立在万千枯骨之上，让那些灵魂的苦难、身心的煎熬成为虚无。

历史并不注定就是向善的，有时候，那些把人们想带入天堂的设想正好把人们带入了地狱。哈耶克说："通往地狱之路常常由善意所设定。"那些良好的愿望之花却常常结出了苦涩的果实，似乎很荒诞，但荒诞正是这个世界的真实。

重建个体的价值观，守护好个体人格，淡化对外界的关注，听从内心的声音。在精神攀登中，不断走向高处，走出文化的奴役，抚平精神的创伤，在一个价值固化的世界中才能寻找到更高的自由。

教育必然具有超越性

苏格拉底说"知识即美德"，意味着"知识"与"道德"是不能分开的。赫尔巴特认为，教育的一切努力就在于成就道德。当道德与知识分离，德育与智育分离，教育就被撕裂，培养出来的人就是精神分裂的，就是病态的。

培根说"知识就是力量"，关键是这种力量用在什么地方。刀子可以切菜，也可以杀人。在奥斯维辛，杀人不眨眼的许多人都是接受过教育的大学生甚至"高级知识分子"。有人说的好："智育是学校的生命线，德育是学校的风景线。"素质教育只不过是装点门面忽悠别人的，应试教育才是真刀真枪拼杀的战场。这种二元论带来教育价值和教育精神的撕裂。

文化是一种价值选择，和民族信仰有关，也有高下之分。一种文化好不好，主要看它对生命的态度，对心灵的抚慰，看它保存了多少真理，并通过文化这个管道，让宇宙生生不息的能量进入个人的生命，呼召一个人的灵魂参与最高的探险，跨越人类精神的丛林、山巅和沙漠，真实地面对自己，参与到个体生命的创造中，通过改造自己来呼应社会。

人类有两种基本情感：爱和恨。其他情感都是这两种基本情感的衍生品。宇宙间，有两种力量争夺内心，并且处于永恒的斗争之中，一种教人"爱"，培育真善美；一种教人"恨"，培养假丑恶。

真正的教育必然源于爱，甚至非理性的爱，爱自然万物，爱真理，爱人，爱生命，甚至要"爱你的仇敌"，像《血战钢锯岭》的主人公多斯那样，有超越国家种族的人类大爱。

道德不是讲出来的

道德首先是面对自己的，而不是一根大棒，专打别人。道德不是讲出来的，贩卖道德者大都可疑。

道德有"外道德"和"内道德"之分，前者是社会的规范，后者是内在的良知。

真道德不是挂在口上的，也不是写在纸上的，道德根本上是一种实践，而实践需要一定的规矩，不然这种实践就会引发混乱，要有具体的操作路径，避免陷入"目的热，方法盲"的泥淖之中。

这一点，感觉犹太民族做得很好，你看希伯来经典的"摩西五经"中有许多道德律令，最有名的是"摩西十戒"，也有其他许多具体的规定，比如燃灯、摆饼、许愿、献祭、守节期、盖房子、生孩子、女子再嫁、百姓之间的纠纷、死伤后的赔偿、战争中如何对待女战俘、生活中父母如何对待逆子、有哪些不洁净的东西不可食用等，甚至连祭司怎么拿工资、如何食用祭物、如何处罚违背诫命的人都有详细规定。他们讲道德，守诫命，也有操作路径，有具体的要求，不是空说的。

有道德目标，如果没有具体的操作法，最后也是无法兑现的。和社会理想一样，设计再好，怎么落实，得有一套办法。传统士大夫们虽然有"大同社会"的伟大理想，但因为没有一套操作学，搞了几千年还是没有变现，有些问题现在反倒更严重了。

回到学校的德育上，不能空玩道德信条，要便于学生理解和实践，避免"目的热，方法盲"。一句"振兴中华，爱我 × 班"，不如一句"走路靠右行"来得具体；一句"学校是我家，爱护靠大家"，不如"你的一举一动都在证明自己"来得震撼。

没有超越就没有教育

教育不仅是群体的，也是个体的；不仅是当下的，也是未来的。教育通过培育健康的个体来培育健康的群体。

一般而言，教育的效果要短到三五十年长则一二百年之后才能看得到，所以，教育是根的事业，是信仰的事业，要看到掌控我们人类的更高、更大的宇宙力量，而不是卑微的生存。

这些年，中国的教育走了一条产业化实则是商业化的路子，这种教育的商业化摒弃了价值理性，过于看重工具理性，失去了对生命的终极关怀，加之成王败寇以及人上人的传统价值观对教育的负面影响，导致教育过分短视，失去了长远的历史眼光和人类文明的眼光。在如火如荼的应试竞争中，不管是学校、家庭还是社会，人人参与其中，个个难以自拔。

在我看来，恶性竞争的教育不仅没良心，而且容易坏良心，这是我们不得不面对的悲惨的教育现实。因为在一个没有宗教信仰的国家，只能依靠教育担当提升人性、拯救人心的使命，而应试教育，为糊口而存在，为人上人而存在，为强国而存在，却忽视了教育的本质和方向，当为生命的良善而存在，为文化精神的重建而存在，为文明的进步而存在。

一个国家的全部尊严绝不是简单的物质和 GDP 数字，不是摩天大楼，不是遍地豪车，一个国家真正的财富是它的公民，这个国家的公民怎么样，这个国家便怎么样。

是公民决定了国家的文明素质，也决定了政府的执政理念。

政府不过是这个国家国民人格精神的投射，有什么样的公民，便有什么样的政府。而造就优秀的公民需要国家、社会、学校、家庭和个人多方面的合力，最重要的是要有文明的眼光，有历史的视野，有价值观的更新。

联合国教科文组织总干事马约尔说过："我们留下什么样

的世界给子孙后代，在很大程度上取决于我们给世界留下什么样的子孙后代。"

"人类历史越来越是一场教育和灾难的拔河竞走。"历史学家威尔斯的警告言犹在耳。

不是教育，就是灾难，没有谁能置身事外，每个人都是这个社会的病理切片。

拯救，是一种理想，更是一种行动。

2011.6.30.—2017.8.15.

后记: 与教育拔河

本书精选了我近几年来发表的教育随笔, 也有一些是未曾发表过的。分成五辑, 有多篇文章在社会上引起过较大的反响。

其实, 在我的《推动自己就是推动教育》出版之后, 我就接到多家出版社的约稿邀请, 但出于对读者和自己负责的考虑, 没有急于推出下一本书, 因为在信息洪流里也不差一本教育类书。我只是把自己的日常工作做好, 在微观层面进行教育的坚守, 有抵抗, 也有妥协。虽然知道在鸡蛋和城墙之间, 鸡蛋注定失败, 我依然选择站在鸡蛋这一边。不过, 对抗不是我的目的, 在我看来, 教育是用来享受的, 而不是用来展示的。对抗的过程, 其实也是享受教育快乐的过程。

于是就有了这一本《与教育拔河》。

之所以起这样一个书名, 也是受齐宏伟教授《与上帝拔河》书名的启示, 加之原来读过中国学者林格先生的《教育是没有用的》和美国学者科顿姆写的《教育为何是无用的》两本书，对教育有了更深的理解：有些愚蠢和不幸恰恰是教育导致的。

书的题目中所指的"教育"不是所有的教育，而是特指中国在功利主义思想引导下的"应试教育"。当然，这个标题容易引起质疑：是不是有些不自量力？大国的大教育培养了这么多的劳动者和接班人，你有什么能力和资格与其"拔河"？举全国全民之力也奈何不了它，你一个普通教师又能如何？

是的，我多次遭遇过同行和亲朋好友类似的质疑：都这一把年纪了，过好自己的日子，养好自己的身体，多过几年清闲日子。世道苍黄，何必太用力，看那么多同龄人都消失了，你在这个世界上还能混多长时间呢？

我也曾这样质疑过自己。但是，作为一个教育者，看到那么多无辜的孩子依然被迫接受这样的教育，那么多家庭因为孩子的教育问题争斗不休，甚至分崩离析，尤其是一个接一个的校园悲剧频繁发生，我的内心就不能平静，就有忍不住的关怀。在一个大多数人只关心自己的社会里，这也许是一个还可以算作知识分子的精神疾病吧，但我认为，知识分子得这种公共关怀疾病的越多，这个社会就越健康，越有希望。

中国社会是一个启蒙远没有完成的社会，开放也仅仅只有几十年，新的观念依然没有普及，许多从身份标签上可以叫作"知识分子"的人其实还不是新的知识分子，依然是"传统知识分子"，或者如葛兰西所说的"知识官僚"或"有机知识分子"，尽管有些人的职称地位不低，因其接受的知识信息的陈旧或价值观念的陈腐，从严格意义上讲，还只能算旧知识分子。

一个社会，知识分子的知识和观念不能更新，这个社会就是旧的。改朝换代的"新"不能代替这个社会结构内部的"旧"，就像水面上波浪的动荡，水下依然如故。

记得钱理群先生说过："在中国要启蒙，首先要启知识分子之蒙。"对此话我深以为然。教师是知识分子中一个很大的群体，这个群体的生活观念和行为意识直接关乎这个社会的进步。

对于中国教育而言，我认为，硬件和技术都不是主要问题，根本上是人的观念。不是社会决定了观念，而是观念决定了社会；有什么样的观念，就会造成什么样的社会。判断一个社会的文明程度，也是看一个社会的核心文化观念。价值观念的危机不仅仅是这个乡土社会的危机，也是教育的根本危机。

2015 年 5 月，我的第一本教育随笔集《推动自己就是推动教育》，辗转数年，艰难出版，随之受到业界和市场的欢迎，半年内加印数次，并入选《新京报》当年的儿童教育类"十大好书"、"大夏书系"当年的十大热销新书，同时进入《中国教育报》推荐的暑期教师培训书目。

推动教育变成了推动自己，自己成了教育的起点和终点。因为"教育"是那么无力，这是对现实教育"绝望"的产物。在这里，"绝望"不是一种修辞，而是一种内心的真实，但绝望不是放弃自己。

直觉告诉我，绝望才可以做事，因为不抱任何希望，也就不会有失望，做多少算多少，不求别人看见，只求自己心安。至于功名利禄一类的事情，那不过是生命的堆积物，最后都归于虚无，没有多少意义。一个人活着，就得有活着的依据，就得在一个巨大的时空中寻找自己存在的位置，不然，永远是一个精神流浪汉。

对当下的教育，你不能完全指望它全面的自上而下的大动干戈，因为制度不能解决所有问题，必须得到整个社会的觉醒和认同，需要每个人、每个家庭、每个教师、每个学校的努力，而最重要的也最艰难的是观念的变革。没有观念的变革，就没有社会的进步，就没有人格的新生。

帕斯卡说，人是观念的奴隶。观念比钢铁还要坚硬，它是一个人文化信仰的核心，其转变非常艰难。除非遭遇生命的巨大挫折、刻骨铭心的苦难或死亡，生命才会有一次洗心革面的机会，旧的自我才会死亡，但也不是每个人都能这么幸运。

世界靠观念统治，人和世界的互动其实也是人和观念的博弈。在某种程度上，人可以用个体的观念对抗另一种强大的世俗观念，并逐步放大个体的自由空间，虽然你最终可能失败，但也别指望它胜过你。人和世界之间，交换轻蔑也是一种交换，因为一个人不一定要为这个看得见的世界去活，世界很大，科学发现，有无数个平行宇宙存在。洞穴是一个世界，海洋也是一个世界，就看你怎么想。

当一个人对外界无能为力的时候，他有三种选择：一是看清形势，顺应社会，放弃原则；二是混吃等死，希望别人去改变，自己看热闹或搭便车；三是从自身做起，克服恐惧，逐渐放大自我的光明，谋求某种改变的可能。

我认同的是第三种选择。因为一个人的被同化，意味着一个生命的消失，说明他的"自我"并不强大。"只管利害不问是非"的灾民理性只会给社会带来更多问题，愤世嫉俗也于事无补，与其诅咒黑暗，不如点亮自己，成为世上的光，哪怕是萤火虫，也可以携浅浅的萤火，照亮自身，给暗夜一点温暖。

其实，从大时空来看，宇宙的质心本就是黑暗的，人类用肉眼能看到的世界是微不足道的，太阳能照到的空间也是有限的，但正因为无数星光，让我们看到另一种光明的存在，一颗星，点燃另一颗星，璀璨的星光构成美丽的夜空。

中国教育，正是因为有无数依然默默坚守的人，才给我们一些安慰、一些希望。

感谢多年来一直关心、支持、帮助我的亲朋好友和各位同道，感谢为这本书的出版付出艰辛努力的陈卓、李伟楠两位编辑，感谢著名学者钱理群、傅国涌、叶开、田刚、狄马、苏祖祥等师友对本书提出的宝贵意见和不吝赞词的推荐语，感谢"沐春读书会"的赵清风、孔令元老师和所有会员的关心支持和鼓励！

所有的思想可能都是偏见，欢迎有价值的批评！

2019 年 7 月 28 日于西安